朝鮮半島

未来を読む

文在寅・金正恩・トランプ
非核化実現へ

金光男
Kim Kwang Nam
聞き手 川瀬俊治

東方出版

はじめに

いつからこうなったのでしょうか。文在寅《ムン・ジェイン》政権は親北左派政権、北朝鮮は世界で最も恐ろしい独裁国家。このような決めつけが氾濫しています。本屋に行けば、嫌韓本が山積み。そのせいか、板門店で行われた文在寅大統領と金正恩《キム・ジョンウン》国務委員長の歴史的な南北首脳会談についても、否定的な評価の報道が多数でした。シンガポールで開催された歴史上初の朝米首脳会談に対しても同様です。

しかし間違いなく、朝鮮半島に新たな平和の時代が訪れようとしています。南北首脳は板門店会談で「朝鮮半島にもはや戦争はない」と宣言。そして朝鮮半島の完全非核化が約束された朝米首脳会談では「新たな朝米関係の確立」が言明されました。このような朝鮮半島の劇的な変化を誰が予測できたでしょうか。

両首脳会談に対する批判の多くは、北朝鮮が核を放棄するはずがないという不信感、そして具体的な内容がないという評価によるものです。しかし「奇跡的に訪れた」とも言える朝鮮半島大転換の好機を手放してしまっていいのでしょうか。それとも朝鮮半島は平和でない方がいいのでしょうか。今は、朝鮮半島の恒久的な平和体制を実現する絶好の機会です。

北朝鮮の核・ミサイル問題の本質は、東アジアの小国である北朝鮮と世界最強の大国である米国との対立です。それは朝鮮戦争の後も七〇年近く持続して来ました。朝鮮半島の冷戦対立構造は周辺国も巻き込み、東アジア地域を不安定にしたのはもちろん、なにより日本の軍備増強の要因となって来ました。

北朝鮮からミサイルが発射されると、Ｊアラート（全国瞬時警報システム）が鳴ることになっています。そして「屋外にいる場合には、近くの建物の中、又は地下に避難。近くに適当な建物等がない場合は、物陰に身を隠すか地面に伏せて頭部を守る。屋内にいる場合には、できるだけ窓から離れ、できれば窓のない部屋に移動」（内閣官房）することになっており、多くの地方自治体が住民避難訓練を実施しました。しかしＪアラートが鳴り始めて着弾までは最大で数分です。笑うに笑えない避難訓練です。

しかし朝米首脳会談の後、日本政府は住民避難訓練の中止を発表。朝米両国が対話に転じたからという理由です。さらに北朝鮮と首脳会談を開催する意思も示しています。この機会に日本も、朝鮮半島平和プロセスに参加協力し、警報でなく、市民に「恒久的な安心」を提供すべきではないでしょうか。

この本は、南北首脳会談と朝米首脳会談の意義、そして北朝鮮核問題をめぐる経過を記述し、転機と考えられる時点に焦点をあて、質問に答える形式で私の考えを追加したものです。

ただ朝鮮半島情勢は激しく動いています。そのため出版直前の最終校正を終えた後に第三次南北首脳会談が開催されましたが、すでに執筆の終わっていた本文では、注目するとしか触れることができませんでした。

九月一八日から二〇日まで平壌で行われた第三次南北首脳会談では平壌宣言と軍事合意書など五つの付属文書が発表されました。その内容は南北の好循環協力関係をさらに発展させるものです。さらに南北は「いかなる場合にも武力を使用しない」と不可侵を約束。南・北・米または南・北・米・中による「朝鮮戦争終戦宣言」に先行して、事実上の「朝鮮戦争終戦」を宣言したのです。また北朝鮮が核開発の中心である寧辺《ヨンビョン》核施設の永久的な破棄を「米国の相応措置」、つまり朝鮮戦争終戦宣言を条件に明らかにしたことも、非核化にとって大きな前進です。このような合意によって米国の呼応を導出し、朝米関係を牽引しようとする文大統領の戦略も感知されます。

私は専門領域を持って学んできた研究者ではありません。青年期から今日までの大半を在日コリアン社会の大衆運動に身を置いて来ました。もちろん現場には学びがあり、議論があり、様々な疑問も提起されます。そのような経験を重ねた私が、川瀬俊治さんの協力や友人らの要請もあり、緊急に執筆して出版するようになったのが、この本です。また米国は正しく、不透明な北朝鮮を信じることはできないという決めつけを、一歩立ち止まって考えて欲しいと思いながらペンを走らせました。励ましてくれた友人らに感謝し、核のない朝鮮半島、平和な東アジアを実現する議論の叩き台として役立つことを願ってやみません。

金光男

朝鮮半島　未来を読む　文在寅・金正恩・トランプ　非核化実現へ◎目次

第3章――六者協議――成立と挫折――　59

第5章　北朝鮮の核と日本　115

資料編　147

第1章 いま、何が起きているのか

南北首脳会談、朝米会談を生み出した韓国民衆

「朝鮮半島にもはや戦争はない」

――四月二七日に大韓民国（韓国）の文在寅《ムン・ジェイン》大統領、朝鮮民主主義人民共和国（北朝鮮）(1)の金正恩《キム・ジョンウン》国務委員長との間で南北首脳会談が開かれ、板門店宣言が発表された。そして六月一二日には米朝首脳会談が実現した。最大の関心事は朝鮮半島に平和が訪れるのかどうかです。概括的に述べていただくとどうなるでしょうか。

金光男（以下、金） 朝鮮半島でビッグバンが始まろうとしています。朝鮮半島は日本の植民地支配が終わった後、世界的な冷戦対立の下で南北に分断されました。そのうえ一九五〇年から同族が相争う血みどろの朝鮮戦争(2)（一九五〇年六月一五日〜一九五三年七月二七日）まで経験したのですが、その後も現在まで続いて来た南北分断と対立、朝米の敵対関係が終わろうとしています。

南北首脳は板門店《パンムンジョン》会談で「朝鮮半島にもはや戦争はない」と宣言しました。朝鮮半島の南北民衆は共に戦争の恐怖から解放され、朝鮮半島に新たな平和の時代がやって来たのです。朝鮮戦争から七〇年近く敵対して来た米国と北朝鮮の最高指導者が会談すると誰が予測できたでしょうか。昨年（二〇一七年）の八月、北朝鮮が韓米合同軍事演習に抗議して弾道ミサイルを発射し、米領グアム周辺に向けてミサイルを発射する計画に言及して挑発した時、ドナルド・トランプ大統領が「全ての選

択肢がテーブルの上にある」と応酬し、朝鮮半島は一触即発の危機を迎えましたが、その時には想像もできない変化です。

しかし両首脳はシンガポールで会談し、

① 新たな米朝関係の樹立

② 平和体制の構築

③ 朝鮮半島の完全な非核化

④ 米軍の遺骨送還

この四点に合意したのです。文在寅大統領が「地球上の最後の冷戦を解体した世界史的事件だ」と歓迎したように、史上初のシンガポール朝米首脳会談はまさに歴史的偉業です。

——この平和の時代の到来をもっと早く実現できなかったのか、北朝鮮の核問題をもっと初期に解決できなかったのかとも考えられますが。

金　何が違ったのでしょうか。キャンドル市民革命によって誕生した文在寅大統領、既存の政治決定

(1) **北朝鮮**　朝鮮民主主義人民共和国の略称として、朝鮮、共和国、北朝鮮があるが、朝鮮は韓国も含めた全体を示す地域の総称でもあり、一国の略称としてはふさわしくない。共和国は世界にいくつも共和国の名前がつく国があり、これもふさわしくない。北朝鮮は韓国と国連に同時加盟した主権国家である以上、地域名で呼ぶのはふさわしくない。著者（金光男）は、いずれも正確でない略称だが、本書では一般的に使われる北朝鮮を用いた。米朝会談と朝米会談の用語の違いが出てくるが、質問者（川瀬俊治）は前者を、金光男は後者を使い対談を進めた。

(2) **南北に分断**　朝鮮半島の支配構造が変化をきたすのは、第二次世界大戦末、ドイツ降伏三か月後の一九四五年八月九日にソ連が対日宣戦を布告し、日本のポツダム宣言受諾による降伏までの六日間に満州（中国東北部）と北朝鮮に入ったことだ。朝鮮半島の歴史では日本の植民地支配以後初めて日本以外の国家が進入した事態をみた。米国は日本の降状後の米ソの分担線を北緯三八度線とすることをソ連側に提起した。米ソ占領分担協定により北緯三八度線の以南を米国が、以北をソ連が分担統治する「分断」が始まった。

プロセスとは異質な政治スタイルのトランプ大統領、そして人民経済を改善しようと試みている金正恩委員長の出会いがこの歴史的な大転換を実現したのです。したがって、この「奇跡的に訪れた機会」ともいえる朝鮮半島大転換のチャンスを決して手放してはなりません。

現段階ではまだ、朝鮮半島の冷戦体制崩壊の始まりと読むべきであり、朝鮮半島の冷戦体制崩壊という地殻変動が始まろうとしていると見るべきかも知れません。今後、南北、朝米両首脳会談で合意された事項がどのように履行されていくのか見守って行かなければならないでしょう。しかしこれは朝鮮半島に住む人々に限られた問題ではなく、東アジアの平和問題と直結しており、さらに言えば世界の平和にも影響を与える大きな変化です。

日本も朝鮮半島平和プロセスに積極的に加わり、北朝鮮との国交正常化を積極的に進めて行くべきではないかと思います。朝鮮半島の非核化と平和の実現は、平和な日本の実現に寄与するはずです。

朝鮮半島の情勢まで変えた

――指摘された「朝鮮半島の冷戦体制崩壊という地殻変動」は韓国[3]の民主化運動を抜きに考えられない。

金　言うまでもないことです。このような朝鮮半島の冷戦構造解体という大きな変化の基底に韓国の民主・統一運動が存在していたことを見失ってはなりません。多大な犠牲を払いながら韓国の民衆・市民は民主化を実現して来ました。韓国の市民は朴槿恵《パク・クネ》前大統領を弾劾し、一人の負傷者・逮捕者も出さない平和的な方法で、しかも憲法秩序に従って朴槿恵大統領を政権の座から引きずり下ろし、文在寅政権を誕生させました。キャンドル市民革命です。その端緒は、国民が委任した公権力を朴槿恵大統領が私的に乱用した「崔順実《チェ・スンシル》スキャンダル」に対する市民の怒りですが、ソウル光化門《クァンファムン》広場に最大二三〇万人が参加したキャンドル集会で、市民は「これが国か」、「全ての権力は国民に由来する」（韓国憲法第一条—**「資料編」用語解説参照**）と叫びながら朴槿恵大統領の退陣を求め、さらに公正な社会と平和な朝鮮半島の実現も求めたのです。

　国民が委任した公権力を権力者が私的に乱用したという点では、国を違えても、韓国の「朴槿恵・崔順実国政支配事件」も、日本の「森友・加計問題」も共通しています。国民の誰一人として、公権力を私的に乱用してよいと権力者に委任するはずがありません。どちらも代議制民主主義の根本趣旨が毀損された代表的な事例です。

　もしキャンドル市民革命がなければ朴槿恵政権はそのまま存続したでしょう。朴槿恵大統領は二〇一六年二月一〇日、開城《ケソン》(4)工業団地の資金が北朝鮮の核とミサイル開発に利用されることを遮断するという理由で「開城工業団地の全面中断」を決定し、北朝鮮側に通告しました。それに先んじて李《イ》明博《ミョンバク》元大統領は二〇一〇年五月二四日、天安艦《チョナンハム》沈没事件に対する報復措置として「五・二四制裁措置」(5)

(3) **韓国の民主化運動**　李承晩大統領を退陣に追い込んだ一九六一年の四・一九学生革命。朴正煕大統領の暗殺後に生まれた「ソウルの春」と呼ばれた民主化の政治空間。新軍部を率いた全斗煥が民主化を求める市民を武力で弾圧した一九八〇年五月一八日の光州民主化抗争。全斗煥大統領を権力の座を引きずり落ろすことになる一九八七年六月の民主化大闘争など、解放後の韓国は民主化運動が連続してきた。

(4) **開城工業団地**　金正日国防委員長と現代グループ鄭夢憲が合意して二〇〇三年から第一期工事がスタートした。六六万平方キロメートルの土地に三段階に分けて開発。韓国企業が一〇〇社以上操業し、五万人近い北朝鮮の労働者が働いていた。板門店宣言以降の動向は九八、一二二頁参照。

(5) **五・二四制裁措置**　李明博大統領は二〇一〇年三月の天安艦沈没事件を北朝鮮によるものとして、北朝鮮船舶の韓国公海での運航を認めず、南北間の交易を中断するなどの制裁措置を発表した。

を発表し、開城工業団地事業と最小限の人道的支援事業を除く全ての交流協力事業と南北間の人的交流を禁止しました。これら保守政権の強硬な対北措置により、金大中《キム・デジュン》元大統領や盧武鉉《ノ・ムヒョン》元大統領が推進して来た南北の和解・交流事業は中断され、南北関係は再び危険な崖っぷちに立つことになったのです。

――キャンドル市民革命は極めて大きな役割を果たした。そのことはいくら強調してもいいのですが、その後の政局への影響ではどうでしょうか。

金　キャンドル市民が立ち上がり、南北関係を悪化させて来た朴槿恵政権を退陣に追いやったのです。そして李明博大統領も在任中の不正行為によって拘束され、裁判を受けています。

それだけではありません。六月一三日に実施された第七回統一地方選挙で与党の共に民主党は圧勝し、野党第一党の自由韓国党は壊滅的な敗北を喫しました。共に民主党は地方（広域・基礎）議会で七九・一％の議席を獲得して大躍進しましたが、自由韓国党は一六・六％で惨敗。広域自治体首長選挙でも、共に民主党は一四地域で勝利、自由韓国党は慶尚北道と大邱《テグ》市のわずか二地域でしか勝利できませんでした（済州道《チェジュド》知事は無所属）。しかしこの結果をもたらした主役はキャンドル市民です。保守政党である自由韓国党は、板門店で開催された南北首脳会談を「文在寅と金正恩の合作による政治ショー」と規定して激しく非難し、北朝鮮対決型の安保論理を全面化したのですが、キャンドル市民と有権者はこれに「Ｎｏ」の審判を下したのです。

このようにキャンドル市民革命は、腐敗政権を退陣に追いやっただけではなく、朝鮮半島平和プロセスの門を開ける画期的な情勢転換を実現したとも言えます。そのエネルギーは韓国社会の変革と朝鮮半島大転換の基底にマグマのように存在しているのです。

キャンドル市民革命は何をもたらしたのか

積み重ねてきた民主化の結果として

――韓国の民主化運動は軍事独裁政権との闘いを積み重ねてきました。キャンドル市民革命をどう位置づけるか、特徴を持つのかということですが。

金　キャンドル市民革命は、一九八七年に全斗煥《チョン・ドファン》政権を退陣させた六月民衆抗争(6)以後の民主化進展と覚醒した市民意識の蓄積が可能にした社会変革だと言えます。韓国現代史を貫いている韓国民主化運動の歴史には拷問と不法監禁、長期拘禁と疑問死（当局の取調べ過程で死亡し、暴行・虐待が疑われる不明死のこと）、そして軍の発砲など国家暴力によって犠牲になった多くの方の叫びと涙が存在します。それらの犠牲の上に達成された六月民衆抗争以後の民主化により、民主労総(7)や全教組(8)、全公労(9)

(6) **六月民衆抗争**　全斗煥政権下、ソウル大学生朴鐘哲（当時二一歳）が治安本部に連行され拷問、死亡した事件（八七年一月）は、政権の暴力性批判とも結びつき、在野の各団体は大統領選の繰り上げ撤回を求めて五月二七日には「民主化要求国民運動本部」が発足。六月二九日には平和大行進で独裁打倒、大統領直選制改憲などを求めて全国で民主化闘争を展開した。事態収拾を断念した全斗煥政権は後継者に指名された盧泰愚民主正義党代表が「六・二九宣言」を発表した。「六・二九宣言」は八項目に及ぶもので、①大統領直選制への改憲と八八年の平和的政権移譲②大統領選挙法改正③金大中赦免復権と時局関連犯の釈放④言論基本法の廃止、地方駐在記者制の復活などの言論制度の改善―など。

(7) **民主労総**　正式名称は全国民主労働組合総聯盟。一九九三年一一月一一日に設立された。九三年六月創設の全国労働組合代表者会議が母体で、同会議は労使協調、反共の立場をとる韓国労働組合総聯盟（韓国労総）に代わるナショナルセンター結成を目指したもので、当時は非合法であったが九九年から合法化された。

などの労働組合が結成されただけではなく、[10]経実聯や[11]参与連帯などの市民団体が誕生し、さらには民主労働党など進歩政党が議会に進出し、[12]地方自治制度も一九六〇年以来、三〇年ぶりに復活しました。

このように様々な分野における民主化の進展と市民意識の変化は、それまでの組織された集団や意識集団に限られていた闘争的な運動から、家族や同窓生、サークル仲間や恋人同士までが世代を越えて参加する新しいフェスティバルのような運動文化を作り出し、市民の社会参与を促進して来たのです。それが二〇〇八年のＢＳＥ（牛海綿状脳症）牛問題に端を発したキャンドル集会であり、市民の力で腐敗政権を倒した二〇一七年のキャンドル市民革命です。

キャンドル集会を導いて来た朴槿恵退陣非常国民行動は二〇一七年五月二四日の解散式で、「二〇一六年一〇月二九日の第一次集会を始まりに、二〇一七年四月二九日に開催された第二三次集会まで延べ人員一千六八四万八〇〇〇人が集会に参加した」と報告し、市民の直接行動が作り出した巨大な運動空間を示しています。そしてこの巨大な運動空間は民主主義を学ぶ場でもあったのです。したがって今も、キャンドル市民革命を象徴する「広場民主主義」は韓国の政治権力を監視する「市民権力」として機能しています。

朴槿恵大統領に対する憲法裁判所の弾劾決定によって実現した昨年五月の大統領選挙で、文在寅候補（共に民主党）は第一九代韓国大統領に選出されました。文在寅大統領は失郷民（北朝鮮が故郷の人）の子どもです。韓国映画「国際市場で会いましょう」の主人公と同じく、戦火の北朝鮮から避難して来た両親のもとで、韓国南部の巨済島《コジェド》で生まれました。彼は戦争と分断、そして貧困と共に生きて来たのです。彼は選挙中に以下のような公約を掲げました。

① 私の全てをかけて朝鮮半島での戦争を阻止する
② 朝鮮半島非核化平和構想を発表
③ 完全な北朝鮮の核廃棄と朝鮮半島の非核化、平和協定締結を包括的に推進する

そして朝鮮半島非核化のための当事国間議論で韓国政府が主導権を発揮する「韓国役割論」を主張していたのです。その文在寅大統領は現在、朝鮮半島の冷戦構造を崩壊に導く南北首脳会談を実現し、シンガポールで朝米首脳会談が実現するうえで「運転者」の役割を積極的に担っています。したがって文在寅大統領が昨年（二〇一七年）九月に世界市民賞（Global Citizen Award）を受賞した時、「私

(8) **全教組**　正式名称は全国教職員労働組合。一九八九年五月二八日に一万五〇〇〇人余の参加で結成した。政府は不法団体としたが、解職された一六〇〇人を超える教師の闘いを軸にして合法化運動で法律制定を促進し、九九年七月一日の教員の労働基本権に関わる法律の制定で合法化されたが、政権が保守政権（朴槿恵）に変わると非合法化された。

(9) **全公組**　公務員の労働三権が認められていない二〇〇二年三月二三日に結成。正式名は全国公務員労働組合。二〇一八年三月二九日に政府から合法化されたが、この間、法外労組での弾圧を受け続けてきた。二〇〇九年に統合公務員労働組合を結成し労働運動を展開，国際労働機構（ＩＬＯ）は同じく法外労組の全教組と並んで合法化を韓国政府に勧告してきた。

(10) **経実聯**　宗教界、法曹界などの社会の各分野の市民団体が展開した反独裁民主化闘争で一九八七年七月七日に結成した市民運動団体。金泳三大統領の緊急命令で実施された実名での預金取引などを課した金融実名制度は経実聯の運動の成果と言われている。

(11) **参与連帯**　一九九四年九月に設立された。金泳三大統領時代に推進された金融実名制などの改革法案が守旧派の抵抗で進展を見なかった時期に、改革がなぜ進展しないのかについて、①改革主導勢力の不在②長期ビジョンの希薄さ③社会規範の危機―などと分析、専門性を備えた司法、行政、議会監視活動などを中心に設立された。総選挙落選活動、財政監視活動、国民基礎生活保障法制定などの活動では、第一五代国会（一九九六年～二〇〇〇年）で八〇件余りの法案を請願し、腐敗防止法など約半分の法律の成立を勝ち取った。

(12) **地方自治制度**　一九六一年の五・一六軍事クーデターによって地方議会は解散させられ、「地方自治に関する臨時措置法」制定によって地方自治団体長は任命制になった。一九八八年四月六日に地方自治法が全面改正され、ソウル特別市と直轄市（現・広域市）に基礎自治体としての自治区が設置され、地方議会議員選挙法も制定された。一九九一年三月に基礎議会（市・郡・自治区）、六月に広域議会（直轄市・道）の議員選挙がそれぞれ実施され、地方議会が六一年以来三〇年ぶりに復活した。地方自治団体長選挙は四年後の一九九五年六月の第一回地方選挙から実施された。

はキャンドル革命から生まれた大統領だ」と宣言したのは当然のことと言えるのです。

非核化と平和体制が導くもの

――本書のテーマである朝鮮半島の平和構想では、朝鮮半島の非核化と恒久的な平和体制の実現に向けたプロセスが具体化してきた段階ととらえられるわけですね。

金　平和構想が具体化すれば、安全保障次元における変化と進展だけではなく、その延長線上に朝鮮半島の繁栄と北東アジアの経済発展をもたらすはずです。

現状の韓国は三八度線によって大陸から切り離されて「孤立」しています。しかし南北の鉄道と道路が連結され、中国のユーラシア横断鉄道やロシアのシベリア鉄道とも連結されることになれば、東アジアに新しい経済圏が誕生し、韓国は東アジアからヨーロッパまで続く物流ルートの入口、集積地に、その地政学的位置を一挙に変えることになります。

韓国が経済面で北朝鮮に協力し、共に繁栄する朝鮮半島が期待されるのですが、そうなれば南北は互いの利点を利用しながら経済協力共同体を建設することができます。これこそが本論であり、朝鮮半島非核化と恒久的な平和体制を実現する目的です。そして朝鮮半島の経済繁栄は、朝鮮半島非核化と恒久的な平和体制を促進する最大の誘発要因になります。南北首脳会談で合意された板門店宣言が「朝鮮半島の平和と繁栄、統一のための板門店宣言」と名付けられ、平和と統一だけではなく、繁栄も強調しているのは、そのためです。

朝鮮半島の非核化と恒久的な平和体制が経済繁栄を導くという点では、北朝鮮も同様です。北朝鮮

板門店の軍事停戦会議室（手前）。後方は韓国の「自由の家」（北朝鮮側から撮影）

は昨年四月二〇日に、朝鮮労働党中央委員会を開催し、ここで「核・経済併進路線の勝利」を宣言しました。二〇一三年三月の党中央委員会で決定した「核と経済の併進路線は終わった」という路線転換の宣言です。

それでは核・経済並進路線の次に北朝鮮は何をしようというのでしょうか。朝鮮労働党中央委員会では新たに「全党、全国が社会主義経済建設に総力を集中する」ことが決定されました。若い指導者、金正恩委員長は「人民経済を改善」しようと試みており、そのため、経済成長を中心に既存路線を転換しようともしています。彼は最高指導者になった二〇一四年四月、「人民が二度とベルトを締め付けない（飢えない）ようにする」と決心を明らかにしていましたが、韓国大統領府も南北首脳会談で金正恩委員長が「米国と信頼関係をつくり、（朝鮮戦争）終戦と不可侵を約束すれば、核を持って苦しく暮らす必要があるだろうか」と発言したと伝えています。北朝鮮はすでに非核化を決断し、ルビコンの川を渡ろうとしているのです。そのため北朝鮮にとって、非核化によって平和体制確立と米国との新しい関係を実現し、国際社会の制裁を終わらせることは最大の外交課題になっています。このように北朝鮮自ら変わろうとしているのですから、これをなぜ、妨げる必要があるのでしょうか。

私は、朝米シンガポール共同声明の合意事項を履行する朝米後続交渉の前途に大きな期待を寄せています。それはトランプ大統領にも、朝米シンガポール共同声明履行のための後続協議を軌道に乗せ、もちろん予測不能な部分もありますが、自分の二〇二一年一月の任期内に北朝鮮の非核化を可視的に進展させようとする強い意思があると見るからです。トランプ大統領の頭の中では、過去のどの大統領も実現できなかった北朝鮮核問題を解決し、二〇二〇年大統領選挙での再選図が描かれているかも知れません。

このように見れば、前述した「奇跡的に訪れた機会」とは、南・北・米それぞれの利害が一致したことによって生まれた機会だと言えます。しかも朝米シンガポール共同声明は、二〇〇五年九・一九合意[13]のように次官補（局長）レベルの合意ではなく、両国の最高指導者が合意して発表した声明であるため、政治的担保力も破格です。この点も私が評価する重要な理由です。両首脳は、その後の甚大な負担も考慮すれば、容易に破棄することはできないはずです。

しかし朝米の後続協議が直線的に進むとばかり観測することはできません。米国と北朝鮮の間には交渉戦略の差異があります。米国政府内には対北朝鮮強硬派も存在しているのですから、米国が北朝鮮の人権問題や生物化学兵器問題を提起するかも知れません。さらに韓国と米国の間においても、現在は表面化していませんが、戦略の差異があります。米国の主な目的、つまり重点は北朝鮮の非核化に置かれていますが、韓国の目的は朝鮮半島の恒久的な平和体制構築、さらに先の東アジアの平和に置かれています。そのため今後も、南・北・米首脳による会談が連動して開催されることが望ましく、

(13) **二〇〇五年九・一九合意**　正式名は「第四回六者協議における共同声明」。朝、米、韓の三か国の核開発問題を提起している。▼北朝鮮に対しては、「六か国は平和的な方法による検証可能な非核化を再確認し、朝鮮民主主義人民共和国は、全ての核兵器及び既存の核計画を放棄すること、ならびに核兵器不拡散条約及びＩＡＥＡ保障措置に復帰することを約束した」▼米国に対しては、「アメリカ合衆国は朝鮮半島において核兵器を有しないこと、及び朝鮮民主主義人民共和国に対して核兵器または通常兵器による攻撃または侵略を行う意図を有しないことを確認した」▼韓国に対しては、「大韓民国は、その領域内において核兵器が存在しないことを確認すると共に、九二年の朝鮮半島非核化に関する「共同宣言」に従って核兵器を受領せず、かつ配備しないことの約束を再確認した」。日本に対しては、「平壌宣言に従い、不幸な過去を清算し、懸案事項を解決することを基礎として、国交正常化の措置をとる」としている。

文在寅大統領の役割と調整力が非常に重要になります。

日本では拉致事件の影響などから、北朝鮮に対してはバイアスのかかった報道や番組も多く、一部には一方的に北朝鮮の非核化だけを要求したり、場合によっては北朝鮮の屈服を求めるような主張までが見受けられます。しかし朝米シンガポール共同声明にしたがって非核化と平和体制保証を等価交換し、そのうえで朝米両国の新しい関係を樹立し、北朝鮮が国際社会に復帰することが、周辺国のどの国の負担になり、あるいは新たな危険を生むというのでしょうか。したがって私は、日本はもちろん、周辺国が、そして国際社会もこの機会を生かし、板門店宣言の履行と朝米共同声明の実現に積極的に協力すべきだと思います。

核のない朝鮮半島は平和な朝鮮半島に大転換させるでしょう。そしてそれによって生まれる巨大な平和の波は、日本にも東アジア全域にも波及して来るはずです。日本では、それでも高額なイージス・アショアの配備が必要なのかという議論を生むに違いありません。

最大のカベ、対立点は何か

朝米シンガポール首脳会談を否定する動きをどう見るか

――二つの会談の持つ意義に反して否定する論調がありますね。とりわけシンガポール米朝首脳会談、あるいは米朝シンガポール共同声明を否定する動きがある。

金　現在、最大の阻害要因は、シンガポール朝米首脳会談の意義を否定したり、過小評価するメディアの存在だと思います。日本でもそうですが、特に米国で顕著になっています。「米朝首脳会談は与えるばかりで得たものはない」という論調ですが、それは米国議会も同様です。六月二〇日に行われた米議会公聴会で専門家らが批判した内容も、「北朝鮮の非核化に向けた新たな約束が一切ない」「非核化を達成する期限が盛り込まれていない」というものでした。このような米国内の冷笑的な雰囲気がトランプ大統領の姿勢にも影響を与えていると思われます。

トランプ大統領が七月一二日、ポンペオ国務長官が訪朝した時に受取ったと推測される金正恩委員長の親書を公開した外交上、異例な行動も、シンガポール朝米首脳会談の意義を否定する米国内の世論に対する苛立ちの表れと見ることができ、朝米間の交渉が進展していることを強調する狙いがあると思われます。

それでは朝米間の後続協議は実際にどのように進展しているのでしょうか。残念なことに両国は現在、シンガポール朝米首脳会談で両首脳が合意した朝米共同声明の履行をめぐる両国の交渉姿勢の違いによって対立しており、協議は膠着状態に陥っています。

七月六日、ポンペオ国務長官が朝米高位級会談のために平壌を訪問しました。ポンペオ長官にとっては、CIA長官時代を含め、これが三回目の訪朝です。ポンペオ国務長官は金英哲《キム・ヨンチョル》党副委員長と二日間、九時間にわたる交渉を続けたのですが、結果は期待に反するものでした。交渉後、ポンペオ国務長官は「全ての面で進展が見られた」と強調したのですが、北朝鮮側は、ポンペオ国務長官が平壌を離れた後に外務省報道官談話を発表し、「会談の結果は極めて憂慮すべきものだ」と示すとともに、「一方的で強盗さながらの非核化要求を持ち出した」と原色的に非難したのです。

この結果、朝米交渉が決裂し、「暗雲が立ち込めた」という報道がありましたが、これらの事態は、いよいよ後続交渉が本格的に始まったことを意味しています。韓国大統領府は七月九日、「シルム（韓国の伝統的な相撲）のようだ」と論評し、「誰がまわしを深く、安定して有利に取るのかという駆け引きが始まった」と解釈しましたが、私もその通りだと思います。

板門店宣言はなぜ原則的な合意レベルなのか

――順序が後先になりましたが、四月二七日の南北首脳会談、板門店宣言をどう見ますか。

金　私は今回の南北首脳会談と板門店宣言を高く評価しています。それは板門店宣言が「戦争の危機が存在する危険な朝鮮半島」を「戦争の危険がない平和な朝鮮半島」に転換しようとしているからです。そして北朝鮮が非核化に応じるだろうかという疑心が支配的な中で、南北は「完全な非核化」によって核のない朝鮮半島を実現する共同の目標を確認しました。

これまで北朝鮮は完全な非核化という用語を使ったことがありません。一九九四年ジュネーブ合意[14]や、二〇〇五年九・一九合意でも、「核のない朝鮮半島」という表現は使われていますが、「完全な非核化による核のない朝鮮半島」という表現に北朝鮮は今回初めて同意しています。この二つの合意は第2章で詳しく論じることにします。

しかし様々な批判や意見があるのも事実です。その代表的な意見は、今回の南北首脳会談及び板門店宣言には具体的な内容、つまり北朝鮮非核化についての具体的な内容がないという批判です。それは当初から分かっていたことです。なぜなら、北朝鮮に対する国連の制裁決議が存続する限り、韓国は北朝鮮に対する経済的な支援や協力を単独で進めることはできません。同じように南北間の合意だけで朝鮮半島の完全な非核化を実現することもできないからです。南北関係の進展と朝米関係の進展はコインの裏表のような関係にあります。

平昌《ピョンチャン》冬季オリンピックが開催された時、金正恩委員長の特使資格で訪韓した金与正《キム・ヨジョン》党第一副部長が二月一〇日に文在寅大統領と会い、「文在寅大統領と早期に会う用意がある。便利な時に北（朝鮮）を訪問して下さるよう要請する」という金正恩委員長の招請を口頭で伝えたことがありますが、文在寅大統領はこの時、「これから条件を整えて成功させよう」と答えています。北朝鮮の非核化に進展がない限り訪朝は難しく、そのためには北朝鮮と米国が対座して両国関係を改善する「条件」を整えることが必要だと婉曲的に示したのです。

これに金正恩委員長は何と答えたでしょうか。三月五日に訪朝した韓国政府特使団と会談し、「米国との休戦協定を平和協定に転換し、そして不可侵の約束をすれば、核を持つ必要があるだろうか」と明らかにし、「米国と虚心坦懐に対話する用意がある」と表明しました。そしてこの瞬間から南北

(14) **ジュネーブ合意**　ＩＡＥＡは保障措置協定を結んだ北朝鮮に対して九二年一二月までに五次にわたる査察を実施。未申告の核廃棄物貯蔵施設の特別査察を要求。北朝鮮は「軍事施設」だとして特別査察を拒否し、九四年三月八日に準戦時体制を宣布した後、三月一二日にはＮＰＴ脱退を宣言し、米国は北朝鮮寧辺の核関連施設に対する空爆作戦を立てるまでに進展した。戦争回避のためカーター元大統領が米国の特使として北朝鮮を訪問して、九四年六月一七、一八日に金日成主席と会談、核開発の凍結を打ち出し事態は一気に改善した。九四年七月、金日成が急死したが、同年一〇月二一日に米朝がジュネーブで核問題解決のためのプルトニウム生産を止めることをうたったジュネーブ合意に達する。核エネルギーの国際共同管理組織「朝鮮半島エネルギー開発機構」（ＫＥＤＯ、米、韓、朝、日など参加）の設立が母体となり、韓国の一〇〇万ＫＷの軽水炉二基や、完成までの間は毎年米国から重油五〇万トンの供給を北朝鮮は受ける一方、北朝鮮は黒鉛炉型原子炉を停止するなど取り決めた。ただし、「枠組み合意」ではウラン濃縮放棄の規定はなかった。二〇〇二年に北朝鮮のウラン濃縮による核開発疑惑をめぐり米朝が対立、合意は崩壊した。

首脳会談は実現に向けて本軌道に進んだのです。つまり北朝鮮の核廃棄は主に米国との間で行われる交渉案件であり、米国と北朝鮮との合意によってのみ決定と合意が可能なのです。韓国と北朝鮮だけで朝鮮半島の安保と平和問題を決定できないのは民族自主の立場からも腹立たしいことですが、それが現実です。

したがって板門店宣言が北朝鮮の非核化について原論的な合意レベルであることは当然のことであり、具体的な内容がないという批判は、朝鮮半島の対立構造を無視した的外れな主張だと言わざるを得ません。重要なことは「奇跡的に訪れた」機会を壊してしまうのでなく、もちろん壊そうと考える人もいると思いますが、これを成功に導き、恒久的に平和な朝鮮半島を実現する構想です。

――今回の南北首脳会談は、過去二回の南北首脳会談と比べてどう違うのでしょうか。

金　破格の会談だと言えます。それはまず、文在寅大統領の任期初年度に実現したことです。任期最後の年に、それも二か月後に次期大統領を選出する選挙が実施されるという切迫した状況で南北首脳会談を実現した盧武鉉大統領に比べると、文在寅大統領は任期を四年余り残して南北首脳会談を実現することに成功し、板門店宣言の履行に充分な時間を確保したと言えます。さらに今回の南北首脳会談は、その後に予定されていたシンガポール朝米首脳会談と「一対」になって開催が準備されたという点でも前例のない南北首脳会談であり、米国と共に朝鮮半島の冷戦構造を本格的に崩壊させる突破口を開いた会談として高く評価することができます。

過去の南北首脳会談との違いについて

公開された首脳会談のねらいは何か

――今回の南北首脳会談は過去の二つの南北首脳会談との違いをもう少し説明していただくと、どうなるでしょうか。

金　金大中大統領や盧武鉉大統領が開催した過去二回の南北首脳会談は、水面下の秘密交渉を重ねて開催されました。それに対して今回の南北首脳会談は、平昌オリンピックを機に訪韓した北朝鮮の高位級代表団と予備交渉を重ね、訪朝した韓国政府特使団と金正恩委員長との会談で開催に合意して発表されるなど、国民の目前で開催準備が進められた点でも大きな違いがあります。

過去の南北首脳会談は二回とも、韓国大統領が平壌を訪問して開催されました。これには「北朝鮮に朝貢するのか」というような韓国社会の批判がありました。そのため今回の南北首脳会談は板門店の南（韓国）側に位置する平和の家で開催されました。儀典を簡略化した会談では、実質的で具体的な協議と合意が行われ、それも国民がテレビ中継を見守る中で公開的に行われたことも、今回の南北首脳会談の大きな特徴です。文在寅大統領にとって最初の南北首脳会談がテレビで実況中継され、三八度線の境界を挟んで文在寅大統領と握手を交わした北朝鮮の指導者は「秘密の存在」でなくなりました。そして北朝鮮に対して韓国の国民が抱いていた「不安心理」[15]も、リアルタイムで見る北朝鮮指導者の姿や機知によって大きく氷解したはずです。それはその後の世論調査によっても知ることができます。

また、五月二六日に予告なく板門店南北首脳会談で開催された第二次南北首脳会談は我々を驚かせました。第一次南北首脳会談からわずか一か月後に開催されたこの会談は、トランプ大統領がシンガポール朝米首脳会談の中止を発表した非常事態の中で、北朝鮮側の要請によって急遽開催されたのですが、南北首脳は座礁の危機にあったシンガポール朝米首脳会談を「南北連合」という新しい動力によって復活させる姿を世界に示しました。

このように今回の南北首脳会談は朝鮮半島の非核化と恒久的な平和体制を構築するうえで画期的な展望を切り開いたのですが、今後も必要に応じて随時開催されるでしょう。九月の第三次ピョンヤン南北首脳会談後も、南北首脳は協議と疎通を日常化し、南北連合のパラダイムを強めて行くはずです。

(15) **世論調査** 世論調査専門機関のリアルメーターは二〇一八年四月二七日、文在寅大統領と金正恩国務委員長が午前の首脳会談を終えた直後に緊急世論調査を実施し、「北朝鮮の非核化・平和定着の意志をどう見るか」と質問した。北朝鮮の意志を「信頼する」という回答は六四・七%で、「信じない」(二八・三%)より二倍以上も高かった。同じくリアルメーターが五月三日に発表した調査結果によると、文在寅大統領の支持率は七八・三%だった。

第2章 板門店南北首脳会談、宣言を問う

「平和の新たな始まり」

韓国政府が描いた未来

――第一章で概略述べていただいた板門店《パンムンジョン》の南北首脳会談、板門店宣言についてさらに深めるのが、本章の目的です。

金　四月二七日はソウルに滞在していたので、テレビ中継をほぼ一日見ていました。私がソウルにいた時、韓国政府が南北首脳会談のスローガンとして掲げた「平和、新たな始まり」という旗も市内各所に飾られていました。

南北対立の象徴である板門店で開催された南北首脳会談は、戦争と対立の朝鮮半島に新しく平和の歴史を刻みました。今回の南北首脳会談の最大の成果は、板門店宣言で両首脳が「完全な非核化によって核のない朝鮮半島を実現する」と発表したことです。韓国政府の非核化に対する公式の立場はＣＶＩＤ（完全かつ検証可能で不可逆的な非核化）ですが、その根幹である「完全な非核化」に南北が合意したことから、前述したように北朝鮮は核廃棄に応じる意志を明確にしたと評価することができます。

会談前、北朝鮮に非核化の意思があるのかという疑問が多かった中で、最大の焦点であった非核化が明示されたことにより、他の合意事項である「南北関係を改善して発展させること」も、「軍事的緊張状態を緩和し、戦争の危険を実質的に解消する」ことも、一挙に進展する勢いを得ることになりました。さらに朝米首脳会談が成功的に開催される展望が開かれたとも言えます。

さらに南北首脳は「朝鮮半島にもはや戦争はない」と言明し、新たな平和の時代が開かれたことを宣言しました。そして朝鮮半島における軍事対立の根本要因になっている朝鮮戦争の停戦状態を、南・北・米または南・北・米・中で終戦を宣言して平和協定に転換することにも合意しました。これは朝鮮半島の恒久的な平和体制を実現するうえで画期的な合意です。

また南北両首脳は「公開的な秘密会談」も行いました。

板門店の湿地帯に徒歩橋という橋がかかっていますが、その橋まで南北両首脳は二人だけで散策し、橋の途中に準備された場所に座り、密談を行ったのです（**32ページ写真**）。矛盾した言い方ですが、「公開的な秘密会談」です。無声映画のように中継した韓国の放送局は後日、金正恩《キム・ジョンウン》委員長の唇の動きから、最も頻繁に使われた単語は「米国」、「トランプ」、「核兵器」「発電所」などだと報道しています。

韓国政府は今回、南北首脳会談を準備する過程で三つのテーマを定めていました。まず北朝鮮の核問題を解決することであり、これが南北首脳会談の最大のテーマです。次に画期的な軍事的緊張を含む恒久的な平和体制を定着させること。三つ目は新しく大胆な南北関係の進展を目指すというものです。これらの目標はほぼ全てが南北首脳会談で合意され、板門店宣言に反映されたと言えるのではないでしょうか。

――板門店の南北首脳会議で文在寅《ムン・ジェイン》大統領から金正恩国務委員長に渡されたUSBメモリーにはどんなデータが入っていたのでしょうか。

金　文在寅大統領は南北首脳会談で、「朝鮮半島新経済地図」を説明する内容が保存されたUSBを

金正恩委員長に渡したと明らかにしています。しかし具体的な内容はそれ以上分かりません。国連安保理の制裁決議が続いている間、北朝鮮に対する経済支援や南北経済協力を推進することはできないため、南北首脳会でもそれを議題にできなかったのですが、そのためにＵＳＢに保存して渡したのではないでしょうか。ちなみに文在寅大統領が提唱する「朝鮮半島新経済地図構想」とは、

① 東（側）海圏にエネルギー支援ベルト地帯
② 西（側）海圏には産業・物流の経済ベルト地帯
③ 非武装地帯（ＤＭＺ）に沿って環境・観光ベルト地帯を形成

東北アジアに新たな経済圏を実現する南北経済協力構想であり、昨年七月にベルリンで発表されました。

北朝鮮の対話路線について

韓国は北朝鮮の変化をどう読んだのか

――板門店南北首脳会談前史というか、北朝鮮の対話姿勢はどの段階で現れてきたのでしょうか。

金　「過去の核」[1]、「現在の核」、「未来の核」を手にした北朝鮮は、昨年一一月の「火星15型」試験発射の後から対話姿勢に転じました。韓国統一部（省）の趙明均《チョウ・ミョンギュン》長官は昨年一二月一四日に行った講演で「北はこれまで、核武力を完成させてから米国と対話するとの立場を示してきたため、核武力完成宣言が対話に変化する契機になるのではないかと期待している」と発言しています。さらに徐薫《ソ・フン》国

家情報院長がポンペオＣＩＡ長官（当時）に次のような情報を提供したと報道されています。それは以下の三点です。

① 北朝鮮が対話に転じる可能性が大きい

② 金正恩委員長の新年辞に注目する必要がある

③ 平昌《ピョンチャン》冬季オリンピックを契機に変化が生まれるだろう

しかし、北朝鮮が対話姿勢に転じても、文在寅政権が存在しなければ、南北首脳会談の開催はあり得ないことでした。まして朝米首脳会談の実現は夢物語であり、不可能なことです。南北関係が断絶されていた朴槿恵《パク・クネ》や李明博《イ・ミョンバク》保守政権の時代には考えられないことです。韓国に、南北和解と協力、平和を志向する文在寅政権が誕生したことによって、可能になったと思います。

これまで北朝鮮も様々な平和・統一提案をして来ました。しかし、これらの提案の多くは偽装平和攻勢だとして受け入れられませんでした。北朝鮮が「南朝鮮革命戦略」を公式に放棄していないという理由からです。朝鮮労働党規約は「朝鮮労働党の当面の目的は共和国北半部で社会主義の完全な勝利を成し遂げ、全国的な範囲で民族解放と人民民主主義革命の課題を遂行するところにある」（・点筆者）と定めています。このような南朝鮮革命戦略を背景に、一九六八年の大統領官邸襲撃未遂事件や、一九九六年の江陵《カンヌン》潜水艦侵入事件などが発生しています。

しかし韓国を民族解放の対象にしている北朝鮮の対南（韓国）戦略も変化して来ました。韓国統計庁が発表した「北朝鮮の主要統計指標」によると、北朝鮮の二〇一六年国民総所得（ＧＮＩ）は韓国に比べて四五倍以上も下回っており、北朝鮮を逃れて韓国に定着した脱北者は三万名を超えています。

これほど南北の経済格差が広がっている以上、南朝鮮革命など達成できるはずもありません。今や、自らの体制を守ることが目標になっている状況です。

したがって北朝鮮の対南（韓国）戦略は守勢に変わっており、金正恩委員長の二〇一五年新年辞がそれを示しています。彼は、「自らの思想と制度を相手に強要しようとすれば、いつまでも祖国統一問題を平和的に解決することはできず、対決と戦争しかもたらすものはありません」と明らかにしました。高飛車な表現ですが、このような北朝鮮の変化が、安定した外部環境を求める対話姿勢の要因にもなっています。

――当初、北朝鮮は文在寅大統領をどう見ていたのでしょうか。

金　昨年六月三〇日に韓米首脳会談が開催[2]された時、北朝鮮は文在寅大統領を米国の手先だと非難していました。北朝鮮は当初、文在寅政権を瀬踏みしていたのではないでしょうか。北朝鮮は、文在寅大統領が同年五月九日の大統領選挙で勝利し、翌五月一〇日に大統領に就任した直後の一四日、日本の排他的経済水域（ＥＥＺ）に向けて弾道ミサイルを発射していますが、これもその現れだと思います。

文在寅政権は就任から一年にわたり、南北和解、朝鮮半島の平和を実現するための様々な提案を行って来ました。その体系的な構想はドイツで行ったベルリン構想（**「資料編」用語解説参照**）です。し

（1）核問題を時系列に分析したもので、北朝鮮は「過去の核」である核兵器を保有し、核兵器を開発・製造する「現在の核」保持から、さらにＩＣＢＭ級ミサイル「火星15型」の試験発射にまで成功したことは、米国本土を直接攻撃できる「過去の核」を交渉材料とすることになったことを意味する。既に再処理されたプルトニウム、抽出された濃縮ウランは、将来的に核燃料になるから「未来の核」にもなる。米国が北朝鮮の核技術までの凍結を主張するのは「未来の核」に関連するからだ。

（2）二〇一七年六月三〇日

かし私は、北朝鮮が文在寅政権を評価するうえで、次の発言が大きく影響したのではないかと思います。

米国がいつ先制的軍事攻撃を加えるかも知れないと朝鮮半島の危機指数が高まっていた昨年八月一五日、文在寅大統領は光復節祝辞で「韓国政府は全てをかけて戦争だけは阻止する。朝鮮半島での軍事行動は大韓民国だけが決めることができ、誰も大韓民国の同意なしに軍事行動を決めることはできない」と明らかにしました。

――これはトランプ大統領に向けたメッセージでもある。

金 そうです。昨年一二月一九日、文在寅大統領は米国NBCのインタビューで、韓米合同軍事演習を平昌冬季オリンピック後に延期するよう米国に提案したと答え、今年（二〇一八年）一月四日、韓米両国はこれを正式に発表しました。北朝鮮の核・ミサイル危機が続いている中で、過去の政権では考えられないことです。このような文在寅大統領の戦争阻止と平和実現に対する明確な意思表示と行動が、米国の軍事攻撃を最も恐れていた北朝鮮の文在寅政権評価を定めるうえで大きかったのではないでしょうか。

北朝鮮の対話路線の転換について

――北朝鮮は「火星15型」発射後に「核武力完成宣言」を出しましたね。しかし、専門家の中には、核弾頭の小型化の問題や、大気圏再突入で問題が残っているという指摘をしています。なお技術的には途上にあるにも関わらず「核武力完成宣言」を出し、対話路線に転換していったのはなぜでしょうか。

金　北朝鮮は、米国本土に到達するＩＣＢＭ級「火星15型」ミサイルの試験発射に成功したと発表しましたが、指摘されたように専門家は、二つの技術問題がまだ解決されていないのではないかと疑問を呈しました。まず核爆弾がミサイルに搭載できるだけ小型化されているのかという点。もう一つは、大気圏外から再び大気圏内に再突入する時、弾頭が高熱に耐えることができるのかという技術問題です。

　だとすれば、米国は、このような技術的問題を北朝鮮が完成する前に交渉する判断を下したといえます。しかし、技術問題が解決していない段階だからこそ、この段階で核・ミサイル開発を凍結させて交渉を開始することが、米国にとっては、より交渉価値が高かったのではないでしょうか。完成を宣言した北朝鮮もこのように読んだのだと思います。

――「火星15型」廃棄の問題がありますが、米国のメディアによれば、まだ核実験場があり、北朝鮮は隠していると報じています。信頼醸成は容易ではない。

金　誰が大規模施設である核実験場を自由に移動させたり、隠したりできるのでしょうか。米国の衛星によって監視されている北朝鮮が、それを隠したり、時間ごとに移動させたりすることは不可能なことですよ。

　それに在韓米軍に戦術核を再配備するよう主張する自由韓国党の洪準杓《ホン・ジュンピョ》前代表でさえ、「問題は既にある核の廃棄だ」と言い、「核実験場廃棄には大きな意味がない」と主張しているように、核実験場を隠しているとか報道することに、それほどの意味があるのでしょうか。

――豊渓里《プンゲリ》核実験場の閉鎖、破壊は、「未来の核」の廃棄を意味するのですが、極めて不十分なものでした。メディアに破壊時に公開されたものの、事前に内部の状況などの取材や調査が行われず、破壊されてからでは何もできないのではないですか。

金　現在の段階では、北朝鮮が「未来の核」を放棄したことを評価すべきだと思います。今後、朝米高位級レベルの議論が進展していけば、専門家、実務者による作業部会がスタートします。いずれ非核化ロードマップにより、北朝鮮が申告した核関連施設を国際原子力機関（ＩＡＥＡ）が査察するわけですから、豊渓里の核実験場爆破がセレモニーであったかどうかは、ＩＡＥＡが査察した段階で議論する問題だと思います。

九月六日に平壌を訪れた文在寅大統領の特使団に対し、金正恩委員長は「豊渓里《プンゲリ》は坑道の三分の二が完全に崩落しており、核実験が永久に不可能になった」と説明しています。北朝鮮が「未来の核」である核実験場の爆破を先行して実行したわけですから、これを評価すべきです。それが朝米間の今後の非核化交渉をより進展させて行くと思います。

板門店宣言をどう読む

朝鮮戦争終戦宣言を目指す

――板門店宣言をどう読むのかについて移ります。二〇〇〇字程の宣言文ですが、まず、大きな特徴から説明していただくとどうなりますか。

金　板門店宣言は三条一三項目で構成されていますが、その中でも重要なのは第三条です。第三条は

「南と北は、朝鮮半島の恒久的で堅固な平和体制構築のために積極的に協力する」と約束し、

① 南と北は、停戦協定締結六五年になる今年、終戦を宣言し、停戦協定を平和協定に転換し、恒久的で堅固な平和体制構築に向けた南・北・米三者または南・北・米・中四者会談の開催を積極的に推進して行く

② 南と北は、完全なる非核化を通じて、核のない朝鮮半島を実現するという共同の目標を確認したと明らかにしています。これが進展すれば、第一条、二条の各項目も勢いを得ることになります。

韓国政府は現在、政治宣言である朝鮮戦争の終戦宣言は南・北・米の三者で、そして平和協定締結は南・北・米・中の四者で推進する考えを公式化しています。なぜなら、中国軍は朝鮮戦争停戦後の一九五八年に撤退を完了。停戦会談はいまも板門店で続けられていますが、停戦協定に署名した中国は一九九四年に停戦委員会から代表団を撤収させています。したがって朝鮮半島で軍事的に対立しているのは、南北の軍隊と駐韓米軍だけですから、政治宣言である朝鮮戦争終戦宣言は南・北・米の三者で行うという考えです。

しかし停戦協定は、正式には「国際連合軍司令部総司令官と朝鮮人民軍最高司令官及び中国人民志願軍司令員との間の協定」であり、北朝鮮と中国と国連軍の間で締結されています。したがって国連軍司令官である米国と北朝鮮と中国、そして当事者である韓国の四者で平和協定を締結することが国際条約上の順理だと韓国政府は考えているようです。今後、どのように進展するかは、米国や中国の考えもあり、今のところ明確ではありません。

終戦宣言は米国や中国とも協議が進められているようですが、最も劇的な発表の舞台は国連です。

当初は板門店やシンガポールでの発表が検討されたのですが、実現しませんでした。今後を考えると、トランプ大統領は平壌《ピョンヤン》に行くとも、ホワイトハウスに金正恩委員長を招待するとも言っています。したがって、今年一一月の米国中間選挙を前にして、金正恩委員長が秋に米国を訪問し、国連で朝鮮戦争終戦宣言を発表することになれば、どれほど劇的でしょうか。世界に向かって朝鮮半島の大転換を宣言することになります。韓国政府も、文在寅大統領、金正恩委員長がともに国連総会に出席することを構想していました。しかし現実的には難しいようです。

四者会談か三者会談か

――北朝鮮は当初、平和協定では韓国とは同席できない、関係ないと言っていたと思いますが、いつから変わったのですか。

金　変わりました。北朝鮮は南北統一や朝鮮半島の平和問題に関して非常に攻撃的でした。これに対して韓国や米国は守勢だったと思います。北朝鮮は、一九七〇年代初期に東西デタントと米中接近が現実化した時、朝米間で平和協定を締結するよう、一九七四年に初めて米国に提案しました。韓国を排除したのは停戦協定の当事者ではないという理由からです。しかし米国は翌年、南・北・米・中四者会談を提案し、これが韓米間の基本的な立場として続きました。米国の目的が朝鮮半島の恒久的平和体制構築より、朝鮮半島の安定的な管理に置かれていたからです。

ところが北朝鮮は一九八四年一月、朝鮮半島の緊張緩和と南北間問題の平和的解決のため、米国との会談に韓国も参加する三者会談を提案したのです。具体的な提案内容は、以下のとおりです。

①　米国と外国軍撤収を含む平和協定締結を協議する
②　相互軍縮と南北不可侵宣言を採択する問題は韓国と協議しよう
つまり二層交渉の提案でした。実は南・北・米三者会談構想は、敵対関係の解消と駐韓米軍の撤退を実現しようとしたカーター大統領が、後に駐韓米軍撤収保留を公式化しながら、朴正熙《パク・チョンヒ》元大統領との首脳会談で南・北・米高位級三者会談に合意して提案したことがあります。(3) しかし北朝鮮が拒否し、さらに朴正熙大統領射殺（一〇月）によって韓国が非常戒厳状態になり、イランの米国大使館占拠事件（一一月）とソ連のアフガニスタン侵攻（一二月）によってカーター大統領の政治力も失墜し、進展を見ることはありませんでした。

一九八〇年代後半に入り、東西冷戦が終焉し、続いて社会主義圏が崩壊し、国際政治秩序の激変と共に北朝鮮の対外政策は一変しました。最大の変化は、国連に韓国と同時加盟したことです。それまで北朝鮮は、国連に同時加盟することは「二つの朝鮮」になり、南北の分断を固定することだという理由で反対していました。さらに一九九一年一二月一三日に締結された南北基本合意書（**「資料編」用語解説参照**）では、大韓民国と朝鮮民主主義人民共和国と明記し、双方の政府首班が署名までするようになりました。これは、韓国政府の実体を認め、南北の共存と国際社会での「クロス承認」推進という方向に北朝鮮の政策が変化したことを意味しています。

(3) 一九七九年六月三〇日

韓国と米国は一九九六年四月にも、金泳三《キム・ヨンサム》大統領とクリントン大統領が済州島《チェジュド》で開催した韓米首脳会談で、朝鮮半島の恒久的な平和を実現するため、韓国・北朝鮮・米国・中国が参加する四者会談を提案しましたが、北朝鮮はこの提案を拒否しました。理由は「停戦協定は朝鮮民主主義人民共和国と米国間で署名されたものであるため、南朝鮮（韓国）はこの問題に立ち入ることができない」（『労働新聞』）というものですが、私は、朝鮮半島の恒久的な平和を実現するための平和協定締結から、朝鮮戦争の一方の当事者である韓国を排除する限り、その実現は困難であり、実行力も担保されないと思います。

――北朝鮮が米朝二者から、韓国、中国も加えた四者という考え方に変えたのはいつからですか。

金　ところが北朝鮮は「コメ支援と追加経済制裁の緩和」を条件に、四者会談に関する説明会を要求したことにあります。これに韓・米両国が食糧支援を明らかにし、説明会と予備会談を経て、一九九七年一二月九日、「朝鮮半島平和体制構築と緊張緩和のための諸般問題」という包括的議題で韓国、米国、北朝鮮、中国が参加する第一回四者会談がジュネーブで開催されました。

四者会談の実現は、韓国を無視し、米国だけを相手に平和協定を締結しようという北朝鮮の既存姿勢を変えることに成功したといえるのですが、会談での北朝鮮の要求は、在韓米軍の撤退と朝米平和協定締結を優先的に議論すべきだというものでした。そして米国との協議に重点を置いたのです。結局、四者会談は一九九九年八月の第六回会談を最後に成果なく終わってしまいました。

停戦協定を平和協定に転換する問題で北朝鮮がそれまでの立場を明確に変えたのは、金正日《キム・ジョンイル》国防委員長の特使として趙明禄《チョウ・ミョンノク》次帥が二〇〇〇年一〇月に訪米し、両国間で合意した「朝米共同コミュニケ」からです。それまでは、朝米間で平和協定締結を協議しようという立場だったのですが、この朝米共同コミュニケで「双方は朝鮮半島の緊張状態を緩和させ、一九五三年の停戦協定を強固な平和保障体系に替え、朝鮮戦争を公式に終息させるために四者会談など様々な方法があるということで見解を共にした」と明らかにしました。この時点から北朝鮮は、平和協定締結を朝米間だけでなく、四者（南・北・米・中）で協議する立場に方針を変えたのです。これには同年五月に開催された金大中《キム・テジュン》大統領と金正日委員長の南北首脳会談が大きく影響しています。

――正式国名で呼ぶのが九一年からだとしても、『労働新聞』など北朝鮮のメディアでは「南朝鮮」と表現していますが。

金　それは現在の南北関係が矛盾状態にあるからです。韓国と北朝鮮は、一九九一年一二月に締結した「南北基本合意書」で、「双方の間の関係が国と国の間の関係ではなく、統一を指向する過程で暫定的に形成される特殊関係」と両国関係を規定しています。第一条で「南と北は互いに相手の体制を認め尊重する」と明らかにしながらも、南北関係は独立した国家関係ではないという統一志向の目標を掲げているのですが、南北関係の現実はこれと乖離した状況にあります。

　大韓民国憲法は第三条で「大韓民国の領土は韓半島及びその附属島嶼とする」と規定しており、法的に北朝鮮は三八度線以北を不法に支配する集団ということになります。したがって公式には北朝鮮（朝鮮民主主義人民共和国）を「北韓」と呼称しています。これと同様に北朝鮮も、憲法第一条で「朝鮮民主主義人民共和国は全朝鮮人民の利益を代表する自主的な社会主義国家である」（・点筆者）と定めているため、公式には韓国（大韓民国）を「南朝鮮」、あるいは「祖国南半部」と呼称しています。現状とは矛盾しているのですが、南北基本合意書締結以後、双方は互いの存在を否定するのではなく、その存在を認めるようになりました。これは非常に重要なことです。相手の存在を認めなければ、対話も協力も、そして将来において統一も実現しないからです。もちろん韓国社会には、国家対国家の性格を強める南北関係の将来を望む主張もあり、またこのような主張をめぐる論争もあります。

現在の分断状態が南北連合に発展し、さらにその先の発展した南北関係が展望できるようになる中で、指摘された問題は知恵を発揮して解決されていくだろうと思います。朝鮮半島全域が自国の主権範囲であり、全朝鮮人民が自国民だと規定する南北それぞれの憲法の「虚構」も、いずれ議論されるようになるでしょう。

国民が主人公——憲法改正の取り組みへ

——本題とは外れますが、憲法の問題では文在寅政権の憲法改正の取り組みがありますが、どのような動きをこれまで見せましたか。

金　ソウル光化門《クアンファムン》広場を埋めつくした市民が求めたのは、もちろん朴槿恵大統領の退陣です。それと共にキャンドル市民は積弊の清算、格差の解消、財閥改革、公正な社会なども求めました。市民が最も求めたのは、国民が主人の国です。

文在寅大統領は就任後、国定歴史教科書編纂の中止、五・一八記念式の斉唱曲に「あなたのための行進曲」を指定、セウォル号惨事によって犠牲になった期間制教師の殉職を認めるなど行政権限によってできる改革を先行させながら、各省庁に調査改革委員会を設置しました。そして調査改革委員会の活動によって明らかになった積弊には驚くべきものが多くありました。とくに梁承泰《ヤン・スンテ》最高裁長官が朴槿恵大統領の意向に沿って裁判に関与していたと疑われる調査結果は衝撃的でした。

このように積弊清算と改革を進め、国民が主人の国を制度化するためには、法律と憲法を改正しなければなりません。現在の韓国憲法は、一九八七年六月民主化抗争の後、与野党の政治協商を経て制定された第六共和国憲法です。大統領選挙中、与野党候補は一致して憲法改正を公約として掲げ、しかも翌年の二〇一八年六月に予定されていた統一地方選挙に合わせて憲法改正国民投票を実施することでも共通していました。しかし国会に設置された改憲特別委員会は改憲合意案の作成に失敗しました。

韓国の憲法改正手続きは以下の通りです。

①憲法改正発議は在籍国会議員の過半数または大統領が行う
②大統領は改憲発議案を二〇日以上公告する
③在籍議員三分の二以上の国会議員が記名投票で議決する
④国会で議決されれば、大統領が直ちに改憲案を公布して三〇日以内に国民投票を行う
⑤国民（一九歳以上）の過半数が投票に参加し、投票人員の過半数の賛成で通過する
⑥大統領が即時公布する

大統領制の韓国では、憲法第第八九条三項により、大統領にも憲法改正発議権が与えられています。

この憲法規定に従い、文在寅大統領は今年三月二六日、改憲案を国会に発議しましたが、改憲案は進歩的で画期的な内容でした。まず憲法の基本精神を示す前文には、[4]釜馬《プマ》抗争と五・一八光州民主化運動（**「資料編」用語解説参照**）、[5]六・一〇抗争などの民主化運動理念を追加して記述し、国民の基本

権強化のために、生命権と安全権、情報基本権（知る権利及び自己情報統制権）、国の差別改善努力義務、住居権、健康権条項を新設し、一部を除いて基本権の主体を「国民」から「人」に変更しました。次に国民主権を強化するため、国民が直接、法案を出せる国民発案制と国民が国会議員を罷免できる国民召還制を新設し、自治と分権を強化するために「大韓民国は地方分権国家を志向する」という条文を追加しました。

また土地の公共性と合理的使用のため、必要な場合に限って特別な制限をしたり、義務を賦課する「土地公概念」を憲法で明示し、労働基本権の強化も明示しました。その代表的権限が、公務員の労働三権保障です。現行憲法は「公務員である勤労者は、法律が定める者に限って団結権・団体交渉権及び団体行動権を持つ」（・点筆者）と規定していますが、それを公務員にも労働三権を認め、現役軍人など法律で定めた例外的な場合にだけこれを制限するとしたのです。さらに「同一価値労働・同一賃金」支給努力義務を憲法で明示し、「勤労（者）」という法律用語を「労働（者）」に変更することにしました。

争点の大統領任期については、大統領四年再任制と決選投票制の導入を規定し、選挙年齢満一八歳への引下げと選挙の比例性原則も規定しました。また国務総理（首相）の権限を強化し、大統領の人事権を縮小することで、帝王的と呼ばれる大統領権限も縮小しようとしました。

進歩政党である正義党の沈相奵《チン・サンチョン》議員も、性平等権、死刑制度廃止、良心的徴兵拒否制度、憲法機関人事の独立性保障などを除くと、ほぼ同じだと評価するほどの改憲内容でした。しかしキャンドル市民革命以前の二〇一六年選挙で構成された現国会での改憲は、自由韓国党の反対によって不発に終わったのです。

強固な平和体制を築く取り組みについて

軍縮への期待

――文在寅大統領が目指す国の基本は憲法改正案の内容で明確に示された。一方、板門店宣言の特徴である「強固な平和体制構築」で具体的などうした取り組みがあるのでしょうか。

金　板門店宣言で明らかにされた「強固な平和体制構築」とは、南北と朝米の軍事対立解消を相互に連携させながら、朝鮮半島の恒久的な平和体制を進めようとする構想です。

そして板門店宣言第二条では「朝鮮半島で対立する軍事的緊張状態を緩和し、戦争の危険を実質的に解消するために共同で努力する」と約束しています。具体的には、①敵対行為の全面中止　②非武装地帯の平和地帯化　③西海《ソヘ》（黄海）の北方限界線(6)（NLL、**「資料編」用語解説参照**）一帯の平和水域化を実現し、それらを協議するため、五月中に将官級軍事会談を開催し、その後も軍事当局者会

(4) **釜馬抗争**　一九七九年一〇月一六日から二〇日に釜山、馬山の市民が展開した反独裁民主化闘争。学生、市民が「維新体制撤廃」「独裁打倒」「野党弾圧の中止」を掲げて警察と対峙、激しい示威行動を展開した。政府は一〇月一八日に釜山地域に戒厳令を布告、弾圧をはかった。しかし市民の抗議は広がり、政府は二〇日に衛戍令を布告した。政権内部の権力抗争を誘発し、一〇月二六事態（朴正熙大統領暗殺事件）を生む要因になった。

(5) **六・一〇抗争**　一九八七年六月大抗争のこと。朴鐘哲拷問致死事件などで政権の暴力性批判との運動に結びつき、六月一〇日には事件の捏造・隠蔽糾弾などを訴える国民大会を開催し、六月民主化大闘争を生んだ（第1章注（6）参照）。

談を継続する―と合意しました。

すでに将官級軍事会談は一〇年六ヶ月ぶりに開催され、東海《トンへ》・西海地区の軍通信線を完全に復旧する問題について合意していますが、本格的な協議はこれからだと思われます。特に急がれるのは、西海（黄海）の北方限界線一帯を平和水域にする問題です。陸の三八度線はご存じだと思いますが、海がどうなっているかご存じでしょうか。海の三八度線は見えません。ところが国連軍と韓国は海の三八度線といえる北方限界線を一方的に宣言。しかし北朝鮮はそれを認めていません。したがってこれが、海上で軍事衝突が頻繁に起こる背景にもなっています。

強固な平和体制についてですが、実際にはほとんど進捗していません。その理由は、朝米シンガポール共同声明を現実化する後続協議が全く進んでいないからです。したがって九月の第三次南北首脳会談でどのような協議がなされるのか注目されます。

――北朝鮮にはソウルを射程とする長距離砲があり、韓国もミサイルの射程範囲を米国の許可をえて配置、拡大してきましたね。

金　朝鮮半島はまるで火薬庫のようです。今後、南北間の軍縮協議が進めば、南北の軍事力をそれぞれ後方に移動させることも議題になるでしょう。北朝鮮は現在、ソウルを中心とした韓国の首都圏を射程距離に収めている長距離砲を三八度線に沿って多数配置しています。これを後方に下げ、同時に韓国軍の前線展開軍も後方に下げ、三八度線の非武装地帯（ＤＭＺ）を平和地帯化すれば、非武装緩衝地帯がさらに拡大し、軍事衝突の危険性を縮小していくことになります。

ただ現状では、南北の軍縮を韓国単独で実現することはできません。朝鮮戦争時、李承晩《イ・スンマン》大統領（当時）は韓国軍の作戦指揮権を国連軍司令部に移譲しましたが、戦争が終った後も、一九五三年一〇月一日に締結された韓米相互防衛条約と一九五四年一一月一七日に合意した合意議事録によって、そのまま維持されることになりました。その後、一九七八年一一月に韓米連合司令部が創設されたことにより、作戦指揮権は韓米連合司令官に委任されましたが、韓米連合司令官は米軍であるため、実質的に韓国軍の作戦指揮権は米国に帰属しています。そのため、これらの議題は米国との協議が一方で必要になります。したがって南北の軍縮交渉は、同時に将来の韓米同盟の検討ともリンケージさせて進まざるを得ないのです。

前述した韓国軍の作戦指揮権ですが、一九九四年一二月から平時作戦指揮権は韓国軍に返還されることになりました。しかし肝心の戦時作戦指揮権は韓米連合司令官に帰属しているため、韓国政府はその早期移譲を求めており、現在も米国と交渉中です。

――第一章の「キャンドル市民革命は何をもたらしたのか」のところで「平和体制が経済的繁栄を築く」と指摘された。具体的な動きはあるのですか。

(6) **北方限界線（NLL）** 海上の南北領海を分ける領海線。朝鮮戦争休戦直後、マーク・クラーク国連軍司令官が中国と北朝鮮の海上封鎖のため設定した海上境界線のこと。境界線成立の経過は、李承晩大統領時代、「北進統一」が称えられ西海（黄海）での侵攻がたびたび起こった。アメリカは北の限界域として一度は休戦協定時に国連総会で否定された海上封鎖線を活用して北方限界線として定めた。北朝鮮は自国領土から一二海里を領海としており北方限界線を認めていない（李仁哲ほか著『どうなる南北統一Q＆A―朝鮮半島の過去・現在・未来を読む』〈解放出版社、二〇〇二年〉より）。歴史的経緯は「資料編」用語解説参照。

(7) **国連軍** 朝鮮戦争当時、国連軍に加わったのは米国・英国・トルコ・カナダ・オーストラリア・フランスなど一六か国。国連軍医療支援に加わったのはノルウェー・デンマーク・スウェーデン・インド・イタリアの五か国。現在、国連軍参加一六か国のうち、すでに一四か国が北朝鮮と国交を正常化している。国交がないのは米国とフランスだけだが、そのフランスも現在では平壌に協力事務所を置いている。医療支援に加わった五か国は全て北朝鮮と国交を結んでいる。

金　軍事的緊張を緩和し、南北間の軍縮を進める上で非常に重要なことがあります。それは、軍事対立の解消と並行し、場合によっては先行して人的、文化的交流を進めることです。交流することが平和だと、個々の市民が情緒レベルで実感できるようにすることです。

より重要なのは北朝鮮との経済交流です。北朝鮮に対する単なる経済支援ではなく、韓国の経済発展にも寄与する経済交流を実現することです。朝鮮半島の非核化と恒久的な平和体制の実現は、安全保障次元における変化と進展だけではなく、その延長線上に朝鮮半島の繁栄と北東アジアの経済発展をもたらすはずです。南北経済交流が韓国の「コメ」になれば、北朝鮮に対する恐怖心や警戒心も薄れて行くはずです。

韓国政府は現在、南北の鉄道と道路を連結して朝鮮半島に三つの経済ベルトを建設する「南北新経済共同体」構想だけではなく、中国の東北三省やロシアの極東地域とも連結させ、朝鮮半島から北東アジアに至る広域的な経済圏を形成する「朝鮮半島新経済地図」も構想しています。

――文在寅大統領が金正恩委員長に渡したＵＳＢにどのようはデータが入っているのかと質問しました。その時に出たのが「朝鮮半島新経済地図」ですね。

金　そうです。これらの構想が実現すれば、韓国経済は物流・消費・資源・エネルギーなどの分野でさらなる発展の可能性を大きくすることができます。そして中国のユーラシア横断鉄道やロシアのシベリア鉄道と連結すれば、三八度線によって大陸から断絶され、「孤立」している韓国はユーラシア大陸国家に変貌します。

シベリア横断鉄道を利用した物流は、海上運送より距離と期間を半分以下に短縮すると予測されています。一九九〇年代、南北の交流活性化を念願し、「タクシーに乗ってソウルからピョンヤンまで」という歌が広がりましたが、将来は「ソウルからパリまで」あるいは「釜山からロンドンまで」の切符を購入することも夢でなくなるかも知れません。南北対立の核心はもちろん軍事対立ですが、それを解消するためには、多方面にわたる南北交流と協力が必要です。

一九八九年、民主化・統一運動のシンボルだった文益煥《ムン・イッカン》牧師が投獄を覚悟して訪朝し、金日成《キム・イルソン》主席との長時間会談の結果、「四・二共同声明」(8)に合意したことがあります。鄭敬謨《チョン・ギョンモ》先生が『ハンギョレ』に連載した「道を尋ねて」(邦訳は『歴史の不寝番』藤原書店、二〇一五年)で具体的な状況を知ることができましたが、鄭先生から直接お聞きしたこともあります。文益煥牧師は韓国の実際の状況と社会雰囲気を伝えながら金日成主席を説得し、政治・軍事会談と経済・文化交流を併行させる「多方面にわたる交流と併行して推進」、そして「いかなる情勢にも関わらず南北対話を持続」などに合意した「四・二共同声明」を発表されたのです。南北交流に対する文益煥牧師の姿勢は「南側の民の立場を基にしながら、北の立場を尊重する方向」です。私はそこから非常に多くのことを学びました。

南北間の連絡はスムーズか

――二〇〇〇年の最初の南北首脳会談では、事前に林東源《イム・ドンウォン》国家情報院長が北朝鮮との交渉を重ねてき

(8)**「四・二共同声明」** 鄭敬謨が文章を作成し文益煥牧師と朝鮮祖国統一平和委員会委員長の名で発表された。金大中、盧武鉉の南北間の共同宣言の原点にもなったとされる。九項目におよび、「民主は民衆の復活であり、統一は民族の復活である」「統一に関する南北間の対話の窓口は広く解放されるべき」「統一を平和的に成し遂げるためには、連邦制は必ず経ねばならない経路だが、一挙に漸次的にすることもできる」など合意した。

ましたね。今回はそうした事前の折衝はあったと思いますが。短期間に宣言文がまとまるのは至難なことではないでしょうか。

金　過去二回の南北首脳会談はもちろんですが、それ以前も、南北は第三国で水面下の交渉をしたり、ソウルと平壌を秘密裏に往来して協議を重ねたのですが、今回の南北首脳会談は公開的に準備が進められました。北朝鮮の高位級代表団が平昌《ピョンチャン》オリンピック参加を目的にソウルを訪問した時に文在寅大統領と会談し、その次には韓国政府特使団が平壌を訪問して金正恩委員長と会談するなど、国民の目の前で準備が進められました。もちろん全てが明らかになっているわけではないですが。

過去の南北首脳会談実現に関与した経験者の徐薫《ソ・フン》国家情報院長や趙明均《チョウ・ミョンギュン》統一部長官らが準備過程に布陣したのも特徴ですが、実務陣の金相均《キム・サンギュン》国家情報院二次長や千海成《チョン・ヘソン》統一部次官も過去の首脳会談を経験しています。そして彼らと北朝鮮の交渉・連絡ラインも水面上に露出しました。

しかも南北間に連絡チャンネルが存在しており、通信システムも過去とは違って格段に進歩していることから、南北間の連絡・交渉、そして疎通は円滑に行われているのではないでしょうか。それは、五月二六日に事前予告なく開催された第二次南北首脳会談が、金正恩委員長の提案した直後に板門店で開催されたことからも分かります。

電撃的に開催された第二次南北首脳会談は我々を驚かせました。我々が目撃したのは、南北首脳会談が秘密裏の水面下交渉を重ねて実現する既存の姿と違い、文在寅大統領が「友人同士の平凡な日常のように行われた」と評価したように、南北首脳が協議と疎通を日常化する姿です。

統一問題について

板門店宣言第一条第一項を読む

――板門店宣言には統一という用語があまり使われていない。これをどう考えたらいいのか。

金　今回の板門店宣言の中で統一という単語が使われているのはわずか四か所だけです。板門店宣言は総三条一三項目で構成されているのですが、統一に関する具体的な条項は存在しません。それでは統一について話されなかったのでしょうか？

私はそうでないと思います。板門店宣言は第一条第一項[9]で「すでに採択された南北宣言と全ての合意を徹底して履行する」と明らかにしています。これは一九七二年の七・四共同声明[10]、一九九一年南北基本合意書[11]、そして二〇〇〇年六・一五南北共同宣言[12]、二〇〇七年一〇・四南北共同宣言[13]、これらを徹底して履行するという内容です。この部分は、南北両首脳が過去に合意している南北連合統一案を

(9) **板門店宣言第一条第一項**　南と北は、わが民族の運命はわれわれ自ら決定するという民族自主の原則を確認し、既に採択された南北共同宣言や全ての合意などを徹底的に履行することで、関係改善と発展の転換的局面を切り開いていくことにした」（『日本経済新聞』二〇一八年四月二八日記事参照）

(10) **七・四共同声明**　一九七二年七月四日、南北両政府は祖国統一の三大原則を盛り込んだ声明をソウルと平壌で発表した。自主的・平和的・民族の大同団結の三大が基本原則であり、以降、南北赤十字本会議、南北調整委員会で話し合いが始まったが、七三年八月の金大中拉致事件を契機に北朝鮮が接触を中断、進展は見られなくなった。しかし、この祖国統一三大原則は二〇〇〇年六月一五日の南北共同宣言のベースになっている。

(11) **一九九一年南北基本合意書**　正式名は「南北間の和解と不可侵および交流・強力に関する合意書」。九二年二月の第六回首脳会議で発効した。南北間の関係を「統一を志向する過程で暫定的に形成される特殊関係」と規定、南北を独立国家として認めた。詳しくは「資料編」用語解説参照。

再確認したと解釈できるのではないでしょうか。そして南北が直面している最大の課題は朝鮮半島の非核化であり、平和体制の確立です。そのために開催された今回の南北首脳会談ですから、このような表現で合意されたのだと思います。

――当初、日本ではさも、明日にも南北は統一しようとしている、あるいは文在寅大統領は北朝鮮との統一を一日も早く実現しようとしている、こういった論調と解説が板門店南北首脳会談後に氾濫しました。南北双方は、統一問題についてどのように考えているのでしょうか。

金　二〇〇〇年に金大中《キム・デジュン》大統領が金正日委員長と会談し、六・一五南北共同宣言が発表されましたが、後日、金大中大統領は自叙伝で会談内容の一部を明らかにしています。これを読むと、金大中大統領は金正日委員長との会談で、北朝鮮が要求する連邦制統一案を受け入れることはできないと拒否しています。そして陪席した林東源《イム・ドンウォン》国家情報院長（当時）がその理由について、「連邦制の場合は、統一された国家の中央政府が軍事権と外交権を行使する。しかし韓国政府が主張している連合制は、南と北がそれぞれ独立した軍事権と外交権を持つ主権国家の協力形態だ」と説明しています。南北の平和共存が韓国側の主張している国家連合の目的です。

するとと金正日委員長は、「金大中大統領は、統一は一〇年ないし二〇年後だとおっしゃっていますが、私はそうは思わない。統一には四〇年、五〇年かかると思いますよ。そして私の言うところの‘低い連邦制‘とは、南側が主張する連合制と同じように、軍事権と外交権は南と北の二つの政府がそれぞれ保有し、漸進的に統一を推進しようという概念です」と答えたと記述されています。言うまでもなく、軍事権と外交権は国家の核心権力ですから、金正日委員長も事実上、国家連合を認めたことになります。

――すると、統一の具体策について話合うことはなかったということでしょうか。

金　南北首脳が、明日にでも統一しようと合意したことも、話し合ったこともないということです。南北は一九九一年に合意した南北基本合意書で、「大韓民国国務総理　鄭元植《チョン・ウォンシク》／朝鮮民主主義人民共和国政務院総理　延亨黙《ヨン・ヒョンモク》」と署名し、それぞれの存在を認めています。そして、「国家連合」によって平和共存しようということを議論して合意したのが二〇〇〇年六・一五南北共同宣言です。六・一五南北共同宣言が明らかにした「南側の連合提案と北側の'低い段階の連邦制'には互いに共通性があ

(12) **二〇〇〇年六・一五南北共同宣言**　訳文で多少の表現の違いはあるが、前掲『どうなる南北統一Q&A』(解放出版社、二〇〇二年)から引用する。「南北首脳は分断の歴史上初めて開かれた今回の出会いと会談が、互いの理解を深め、南北関係を発展させ、平和統一を実現する重要な意義を持っていると評価し、次のように宣言する。1、南と北は国の統一問題をその主人であるわが民族のみで、互いに力を合わせて自主的に解決していくこととした。2、南と北は国の統一のために、南側の連合制案と北側の緩やかな連邦制案に共通性があると認定し、今後この方向で統一を志向していくこととした。3、南と北は今年八月一五日に合わせ、離れ離れになった家族と親戚の訪問団を交換し、非転向長期囚問題を解決するなどの人道的問題を解決していくこととした。4、南と北は経済協力を通じ民族経済を均衡的に発展させ、社会、文化、体育、保健、環境など、諸般の分野の協力を活性化させ、互いの信頼を確かめることにした。5、南と北は以上のような合意事項を速やかに実行に移すため早期の当局者間の対話を開催する。6、金大中大統領は金正日国防委員長がソウルを訪問するように丁重に招請し、金国防委員長は今後、適切な時期にソウルを訪問することとした。

二〇〇〇年六月一五日

大韓民国　大統領　金大中

朝鮮民主主義人民共和国　国防委員長　金正日」

(13) **二〇〇七年一〇・四南北共同宣言**　盧武鉉大統領は二〇〇七年一〇月二日から四日まで北朝鮮の平壌を訪問して金正日国防委員長との間で8項目の事項で合意する南北共同宣言を合意した。①南北は六・一五共同宣言を固守し、積極的に具現していく②南北は思想と制度の差を超越し、南北関係を相互尊重と信頼関係として確固と転換していく③南と北は軍事的な敵対関係を終息させ、朝鮮半島で緊張緩和と平和を保障するため緊密に協力する－など。コリアン・ポリティクス（コリアン・ポリティクス Politics）(https://www.thekoreanpolitics.com)に詳しい。コリアン・ポリティクスは過去の南北首脳会談の宣言や済州四・三事件で七〇周年を迎えた記念式典の文在寅大統領の記念演説などの翻訳をしている。

る」というのはこのような意味なのです。

したがって私は、板門店宣言が南北統一に具体的に言及していなくても、板門店宣言第一条第一項で「すでに採択された南北宣言と全ての合意を徹底して履行する」と約束することにより、南北首脳は統一の意思を示したと解釈できると考えています。統一より平和が急がれるというのが金大中大統領や文在寅大統領の考えであり、現在では、北朝鮮の本意でもあると思います。

文在寅大統領―済州島四・三民衆蜂起七〇年慰霊祭でのメッセージ

――余談になりますが、南北分断は第二次世界大戦後に米ソが占領したことに加えて、社会主義国家を目途とする左派勢力と反共勢力の右派勢力との対立があったことも要因としてある。文在寅大統領は今年の済州島四・三民衆蜂起（事件）七〇年を記念した慰霊祭で「左右対立を超えた時代を創造しよう」と挨拶しました。私は「慰霊祭」に参列していて直接聞いたのですが、南北首脳、米朝首脳が会うことを見据えていたのではないでしょうか。

金　朝鮮半島の南北分断は東西冷戦対立の所産ですが、おっしゃるように左右の理念対立という国内要因も存在していました。米軍政下で罪なき良民が虐殺された済州島四・三事件は「赤狩り」という理念で引き起こされた悲惨な事件であり、「国家暴力」によって島民の一〇%が犠牲になりました。

四月三日、文在寅大統領は就任後初めて済州四・三犠牲者追悼式に出席し、国家暴力を謝罪したうえで、四・三真相糾明と犠牲者の名誉回復、遺家族と犠牲者に対する賠償・補償など政府次元の措置を約束しました。そして理念対立による憎悪を乗り越え、「和解の未来」を強調したのですが、この「和解の未来」は南北首脳会談と朝米首脳会談、そして両会談の合意にそのまま反映されています。文大統領は「済州に春が来ています」と言って追悼の辞を結びましたが、これは「朝鮮半島に春が来ています」と読み替えることもできるのではないでしょうか。

非核化の原則的な合意から一歩も出ないことへの懸念

――先に（第1章）で板門店宣言に具体性がないという批判について話していただいた。原則的な文言で合意しているわけですが、合意したレベルで進まないのではないか。メディアの批判はこの点に集中しているように思います。宣言の見方で大事なところです。どう考えられますか。

金　第1章でも述べましたが、板門店宣言は朝鮮半島の非核化について原則的で抽象的な同意に過ぎないという指摘が多いのですが、その通りだと思います。非核化についての具体的な内容がないという批判もその通りです。しかし、それは当初から分かっていたことです。なぜなら、北朝鮮に対する国連の制裁決議が存続する限り、韓国は北朝鮮に対する経済的な支援や協力はできません。同様に南北間の合意だけで朝鮮半島の完全な非核化を実現することもできません。

金正恩委員長は何と言ったでしょうか。「米国との信頼関係をつくり、（朝鮮戦争）終結と不可侵を約束すれば、核を持って苦しく暮らす必要があるだろうか」と発言しています。

――第一章の「非核化と平和体制が導くもの」で紹介された発言ですね。

金　そうです。つまり北朝鮮の核廃棄は、主に米国と北朝鮮との外交案件であり、米国と北朝鮮との合意によってのみ可能なのです。したがって、板門店宣言が原則レベルの合意なのは当然のことです。

すでに指摘しているように南北首脳会談と朝米首脳会談はコインの裏表の関係にあります。そのため南北首脳会談が実現しても、いくら南北首脳が抱擁を繰り返しても、朝米両国が合意しなければ、朝鮮半島の完全な非核化を実現することはできないのです。メディアには、このようなことを解説する役割があるのではないでしょうか。

第3章 六者協議——成立と挫折

ジュネーブ合意前史を検証する

北朝鮮の核開発はどうした歴史を歩んだのか

――ジュネーブ合意と六者協議はなぜ挫折したのか。今回、挫折を繰り返すわけにはいきません。第1章では注⒁で「二〇〇二年に朝鮮のウラン濃縮による核開発疑惑をめぐり米朝が対立、合意は崩壊した」と説明しましたが、北朝鮮が合意を履行しなかったことが原因でしょう。

金　最終的には、二〇〇三年一月に北朝鮮が核拡散防止条約(1)（ＮＰＴ）脱退を宣言したことにより、一九九四年ジュネーブ合意は崩壊しました。北朝鮮が合意を履行しなかったためにジュネーブ合意が崩壊したとか、崩壊の責任は全て北朝鮮にあるとか言われているのですが、はたしてそうでしょうか。

――このジュネーブ合意が霧散したことに、はたしてほかの要因があると言えるのでしょうか。

金　ここで北朝鮮(2)の核開発と朝米交渉の歴史を振り返って見ましょう。北朝鮮は一九六五年にソ連から研究用原子炉が援助され、原子力研究を重ねていました。そしてウラン濃縮技術がなくても運転できる実験用黒鉛減速炉の建設に着工し、一九八六年から稼働させていましたが、ソ連から本格的な原子力発電所を輸入する計画も進めました。同時にソ連はその条件としてＮＰＴに加入することを求めたため、北朝鮮は一九八五年一二月二日にＮＰＴに加入。その結果、国際原子力機構（ＩＡＥＡ）と保障措置協定を締結し、査察を受け入れることになったのです。しかし措置協定署名は難航しました。北朝鮮が在韓米軍に配備されている戦術核の存在を理由に署名を拒否したからです。

――いつも北朝鮮が問題にするのは、韓国に配置された米軍の戦術核ですね。[3]

金　駐韓米軍は、北朝鮮の南侵に対する抑止力というのが韓米両国の立場ですが、北朝鮮から見れば、軍事的脅威の存在でしょう。

この頃、国際的にはベルリンの壁が崩壊し、東欧社会主義国が次々と崩壊しました。朝鮮半島においても、ソ連（当時）が一九九〇年、続いて中国が一九九二年に敵対していた韓国と国交を正常化しただけではなく、ソ連の社会主義体制までが崩壊するという、北朝鮮にとっては「悪夢のような」激変状況が生まれました。このような国際政治秩序の変化の中で、北朝鮮は体制維持のため、「二つの朝鮮」に繋がり、分断が固定されるとして反対していた国連南北同時加盟を受け入れ、韓国との間にも南北基本合意書と「朝鮮半島非核化共同宣言」[4]（**「資料編」用語解説参照**）を締結し、南北及び国際

(1) **核不拡散条約（「資料編」用語解説参照）**　米国と同様に早くから核爆弾開発に乗り出していたイギリスを加えた米・ソ・英の核独占は、のちに核保有国になった仏・中を加えた五大国のみが核兵器保有国となり、追従する国家に核兵器を保持させない核拡散防止条約（NPT）体制を作り出した。この体制がNPT体制と呼ばれる。五大国は核兵器の他国への譲渡を禁止し、核軍縮交渉の誠実な義務を負うた。一方、核兵器を保有しない国家は今後の核兵器の保有は認められず原発でも徹底した制限を受けた。核兵器不拡散の義務をはたしているかどうかについてチェックを受けている。これを「保障措置」といい、IAEAによる施設の査察が義務付けられた。

(2) **北朝鮮の核開発**　金日成首相（当時）は一九五〇年代半ばから安保の危機から核開発計画の遂行のため、技術と人材確保のための準備を進めたとされる。五六年七月にはソ連と訪ソ時に原子力協定を締結、ソ連から導入したLRT―二〇〇〇原子炉（研究用軽水炉）と臨界炉などの稼働でプルトニウムを確保した。

(3) **韓国に配置された米軍の戦術核**　朝鮮戦争後の米国の韓国に対する軍事援助は戦術核配備を生んだ。一九五八年はじめに二八〇ミリ核砲、核搭載ミサイルを韓国に配備した。正式には、一九五九年一月二九日に在韓米国軍が核兵器配置を発表し、核兵器で北朝鮮に対峙する極東アジアの防衛体制の枠組みが生まれた。一九九一年の「朝鮮半島非核化共同宣言」は在韓米軍の戦術核の撤収を生んだが、韓国政府は北朝鮮の四回目の地下核実験後すぐに米国と会談をもち再配置を米国側に求めたが、米国は朝鮮半島の不安定化につながると反対し、戦術核の再配備は否定した（『東亜日報』二〇一六年二月一七日）。戦術核は射程五〇〇キロメートル未満を戦術核、それ以上を戦略核といわれる。戦略上の大小で区分される。

社会との平和共存政策を模索したのです。

米ソ冷戦崩壊という流れの中で、後にソ連からの原子力発電所輸入は頓挫するのですが、北朝鮮は国際原子力機構（ＩＡＥＡ）とも一九九二年一月三〇日に保障措置（査察）協定を締結し、その核活動はＩＡＥＡの監視下に置かれるようになりました。この保障措置協定に北朝鮮が調印したことによって「核疑惑」が解消され、一九九二年のチーム・スピリット韓米合同軍事演習は中止されました。[5]

この後、北朝鮮が提出した冒頭報告に従い、ＩＡＥＡは一九九二年五月から六回、北朝鮮の核関連施設に対する査察を実施しました。ところがＩＡＥＡは査察の後、北朝鮮が核再処理施設を建設していると一九九二年二月九日に発表。続いて米国が撮影した衛星写真に基づき、ＩＡＥＡ理事会は寧辺《ヨンビョン》にある二か所の核施設に対する特別査察要求を決議しました。このことから、いわゆる北朝鮮の「核疑惑」が再び浮上したのです。核再処理施設が完成すれば、本格的にプルトニウムが抽出され、核爆弾の製造が可能になるからです。

――核問題はウラン鉱に含まれるウラン二三五の比率を高めることで濃縮ウランを作ることもできるし、核燃料の再処理施設からプルトニウムを抽出できる。一定の条件が完成すれば核爆弾製造が可能になります。韓国は二〇一五年改定の米韓原子力協定で、濃縮ウランを作ることを米国から認められた。しかし、その濃度は核爆弾の燃料にならない限界である二〇％を超えないと決められています。[6]

当然、韓国は遵守し、ＩＡＥＡの査察を受けてきています。いまテーマとしているのは、ジュネーブ合意の前史であり、韓国の現在の状況と対比するのは平等性を欠きます。それまで韓国でも核開発疑惑が二度起きましたから。

郵便はがき

5438790

料金受取人払郵便

天王寺局
承認
211

差出有効期間
2022年3月1日
まで

（有効期間中
切手不要）

大阪市天王寺区逢阪二の三の二

（受取人）

東方出版 愛読者係 行

〒

●ご住所

ふりがな
●ご氏名

TEL

FAX

●購入申込書（小社へ直接ご注文の場合は送料が必要です）

書名	本体価格	部数
書名	本体価格	部数

ご指定書店名	取次	
住所		

愛読者カード

●ご購読ありがとうございます。このハガキにご記入いただきました個人情報は、ご愛読者名簿として長く保存し、またご注文品の配送、確認のための連絡、小社の出版案内のために使用し、他の目的のための利用はいたしません。

●お買上いただいた書籍名

●お買上書店名

県　　　郡市　　　書店

●お買い求めの動機（○をおつけください）

1. 新聞・雑誌広告（　　　）　2. 新聞・雑誌記事（　　　）

3. 内容見本を見て　4. 書店で見て

5. ネットで見て（　　　）　6. 人にすすめられて

7. 執筆者に関心があるから　8. タイトルに関心があるから

9. その他（　　　）

●ご自身のことを少し教えてください

◉ご職業　　　年齢　　歳　　男・女

◉ご購読の新聞・雑誌名

◉メールアドレス（Eメールによる新刊案内をご希望の方はご記入ください）

通信欄（本書に関するご意見、ご感想、今後出版してほしいテーマ、著者名など）

金　北朝鮮の主張は、IAEAが特別査察を要求した施設は軍事施設であり、核施設ではないと言うものです。さらに北朝鮮は、IAEAは米国の指揮下にあると非難して査察を拒否しました。そして一九九三年三月一三日、[7]NPTからの脱退を通告する強硬な姿勢で対抗したのです。これに、IAEAから報告を受けた国連安保理は一九九三年五月一一日、「北朝鮮にNPT脱退を再検討し、査察協定を履行するよう求める決議」を採択するとともに、全ての加盟国にもその協力を求めました。

　その前、北朝鮮は再開されたチーム・スピリット韓米合同軍事演習に対して準戦時態勢を宣言[8]し、緊張が高まっていたのですが、北朝鮮は米国との直接交渉を強く要求し、米国も北朝鮮との直接交渉に応じたことから、就任直後のクリントン政権下で初めての朝米高位級会談が一九九三年六月二日から始まりました。NTT脱退という瀬戸際戦術によって、北朝鮮は求めていた朝米直接協議に成功し

(4) 一九九二年一月二一日

(5) **米ソ冷戦崩壊**　戦後世界を二分した米ソ冷戦は、一九八九年一二月二、三日開かれたマルタ島の会談でソ連のゴルバチョフと米国のブッシュの両大統領が冷戦終結を宣言し、続いてベルリンの壁が崩れ、ソ連の解体へ進んだ。盧泰愚政権の「北方外交」は、この間、東欧のハンガリーと国交を結ぶなど、政治体制が異なる東側陣営との関係改善を進めたが、北朝鮮は米ソ冷戦終結に影響を受け、韓国との関係改善に乗り出した。一九九〇年九月四日に南北両政府は初の総理級会談を行い、一九九一年九月に南北が国連に同時加盟した。

(6) **二〇一五年改定の米韓原子力協定**　米韓原子力協定は二〇一五年四月二二日仮調印され、改定された。その骨子は、①原発燃料の安定的供給――米国産ウランを二〇%まで低濃縮可能②使用済み核燃料の管理――使用済み核燃料再処分のための初歩的研究の許容③自主的な原発輸出――原発輸出は米国の許諾なく進めることができる――の三点だ（『東亜日報』二〇一五年四月二三日）。『東亜日報』社説は「濃縮―再処分を確保できない中途半端な韓米原子力協定」と批判。主張の背景には、NPT第四条に、加盟国の「奪えない権利」があり、核分裂物質を得るための濃縮ウランや使用済み核燃料の再処分はまったく禁圧されたわけではない規定があるからだ。北朝鮮の核保有化や日本が非核保有国のなかで一九八八年に米国から使用済み核燃料再処分権を唯一得て、現在四八・五トンもプルトニウムを蓄積している差別的な現状を指摘したのが、『東亜日報』の社説ともいえる。

(7) **NPTから脱退通告**　NPT条約一〇条一では脱退の通知を三か月前と定めている。

(8) 一九九三年三月八日

たと言えます。

そして姜錫柱《カン・ソクジュ》外交部第一次官とロバート・ガルーチ国務省次官補をそれぞれ団長にする第一ラウンド朝米協議がニューヨークで始まり、難航の末、六月一一日に米朝共同声明が発表されました。その内容は、

①　核兵器を含む武力を使用せず、このような武力による威嚇もしないことを保障する

②　朝鮮半島の非核化、平和と安全を保障する

③　相手側の自主権を相互尊重して内政に干渉しない

④　朝鮮半島の自主的平和統一を支持する

という画期的なものですが、米朝両政府は対話の継続にも合意し、北朝鮮はＮＰＴからの脱退を「臨時停止」すると明らかにしました。この合意は、北朝鮮のＮＰＴ脱退が現実化する前日のことです。

第二ラウンドの朝米協議——四項目の合意事項

——これだけの合意がどうして霧散するか、です。

金　米国と北朝鮮はさらに協議を続けました。一九九三年七月一四日からジュネーブで第二ラウンド朝米協議を開始。そして同七月一九日、以下のような合意に達します。

①　北朝鮮が査察協定の履行に関してＩＡＥＡとの協議を開始する

②　北朝鮮と韓国の南北対話を早期に再開する

③　北朝鮮は原子炉（黒鉛炉）を軽水炉に転換し、米国も必要な技術支援を行う

④　今後二か月以内に両国関係の全般的な関係改善のための第三ラウンド朝米協議を開催する

この第二ラウンド朝米協議の合意により、ＩＡＥＡと北朝鮮は核査察協議を再開することになりましたが、両者の協議は難航しました。北朝鮮は、一九九三年一一月一日の国連決議で特別査察を求められても、ＮＰＴ脱退を宣言するきっかけになった未申告施設に対する査察を全面拒否しました。そのため協議は翌年まで続き、ＩＡＥＡは一九九四年二月一五日、未申告施設（核廃棄物貯蔵施設）二か所を除外し、北朝鮮の申告済み核関連施設七か所だけ査察することで北朝鮮と合意。ところが、ＩＡＥＡ査察団が査察を実施すると、前年に施していた核施設の封印が一部破損しており、核関連施設からのサンプル採取も北朝鮮当局から妨害されたのです。これらの理由から、ＩＡＥＡは北朝鮮の申告済み核関連施設七か所で実施した査察について、「核物質の軍事不転用は確認できない」とする声明を発表し、またまた北朝鮮の「核疑惑」に言及して対立したのです。

――クリントン政権で国防長官だったウィリアム・ペリーの自伝的著作『核戦争の瀬戸際で』（東京堂出版、二〇一八年、松谷基和訳）が出ましたね。対北朝鮮政策を包括的に接近しようとした政策は、「ペリー・プロセス」とも呼ばれています。ペリー国務長官はその著書で「北朝鮮はＩＡＥＡが兵器製造を行っていないことを確認するための査察を受け入れていた」と記述しています。それがどうして核施設の規制遵守を証明する作業を北朝鮮が認めなかったのか。

金　北朝鮮は、これらの施設は軍事施設であり、北朝鮮の主権を無視した査察を認めることはできないという主張を繰り返しました。しかしこれらの建物は核再処理施設でした。最後まで北朝鮮が二か所の核関連施設の査察を拒否したことから、北朝鮮の「核疑惑」問題はＩＡＥＡから国連に移ることになりました。そして国連安全保障理事会が一九九四年三月三一日、北朝鮮にＩＡＥＡの追加査察を受入れるよう勧告する議長声明を採択すると、北朝鮮はさらに強硬に対抗。五月一二日、ついに北朝鮮は寧辺《ヨンビョン》の実験用原子炉からの燃料棒取り出しに着手するとＩＡＥＡに一方的に通告し、実行したのです。核燃料棒を再処理し、プルトニウムを抽出するためです。

これに危機を感じたＩＡＥＡ理事会が北朝鮮に対する技術協力を全て停止する制裁決議を採択するや、北朝鮮は一九九四年六月一三日にＩＡＥＡを脱退。今後は核施設への査察を受けないと突如発表しました。さらに緊張が増す事態を迎え、国連では北朝鮮に対する経済制裁が議論されるようになります。これにも北朝鮮は「国連の経済制裁は宣戦布告と見做す」と反発する外務省声明を発表し、対立と緊張はますますエスカレートしたのです。

朝鮮半島の第一次核危機からジュネーブ合意へ

クリントン政権は核攻撃を準備

――これが朝鮮半島の第一次核危機といわれているものですね。米国の北朝鮮への軍事攻撃は直前の段階までいった。

金　当時はクリントン政権の時です。クリントン大統領は寧辺核施設に対する軍事攻撃を公然化しました。そのため緊張が一挙に高まりました。朝鮮半島の第一次核危機です。後にクリントン大統領は「米国は原子炉を破壊する作戦を立てた。その上で北朝鮮に「『核開発を放棄しなければ攻撃する』と警告した」と明らかにしています。一九九四年三月、南北特使交換のための実務接触で、北朝鮮の朴英洙《パク・ヨンス》祖国平和統一委員会書記局副局長が「我々は戦争の準備ができている。ソウルは軍事境界線から遠くない。戦争になれば火の海になる」と発言して韓国側を激昂させたのもこの時でした。

――あの発言には驚きました。

金　もし米国が北朝鮮に対する軍事攻撃を開始すれば、どうなったでしょうか。ゲーリー・ラック駐韓米軍司令官は「北朝鮮は国境地帯（三八度線）に八四〇〇門の大砲と二四〇〇の多連装ロケット砲を布陣しており、ソウルに向けて最初の一二時間に五千発の砲弾を浴びせる能力がある」と分析し、ペリー国防長官も「第二次朝鮮戦争」発生時の被害予想を検討しています。それによれば、「最初の三か月で、米軍兵士八万ないし一〇万人と韓国軍五〇万人が死亡する」という恐ろしいほどの被害が予想されたのです。

この危機状況を収拾したのがカーター元米国大統領の訪朝でした。一九九四年六月一五日、軍事境界線を越えて訪朝したカーター元大統領は金日成《キム・イルソン》主席と会談し、「北朝鮮はＩＡＥＡ査察官の駐在に同意し、米朝協議が続いている間は使用済み核燃料の再処理を凍結する」と約束したとホワイトハウスに伝えたことから、米国の軍事攻撃は直前で回避されました。

その後、朝米協議が再開され、直後の七月六日に金日成主席が急死するという事態が生まれながらも、朝米協議は軌道に乗り、合意されたのが一九九四年ジュネーブ合意（第一章注⒁参照）です。この合意の主な内容は次の通りです。

①　北朝鮮は黒鉛減速炉を凍結する

②　この見返りに軽水炉型原発開発援助を約束。二〇〇三年までに国際コンソーシアムが韓国型軽水炉二基を建設し、二〇〇万キロワットの電力を供給する

③　軽水炉完成までは、米国が毎年五〇万トンの重油を提供し、経済制裁を解除する

この一九九四年ジュネーブ合意により、「朝鮮半島エネルギー開発機構」（ＫＥＤＯ）が設立されました。日・米・韓の他、ニュージーランド、オーストラリア、カナダが加盟国になり、資金の七〇％を韓国が負担、日本が二五％、米国を含む残りの国が五％を拠出することになりました。さらに自社さ連立与党代表団（団長：渡辺美智雄）が一九九五年三月三〇日に北朝鮮を訪問し、朝鮮労働党との間で、中断していた朝日国交正常化交渉の再開に合意したのも、このような融和局面の流れの中でのことです。(9)

この合意により、北朝鮮の核開発計画は中止されました。

――中止された最大の理由は何でしょうか。

金　ペリー国防長官は「米国の対北朝鮮政策に関する見直し―結論と提言」、いわゆる『ペリー報告』で、「一九九四年の核枠組み合意は、北朝鮮の寧辺におけるプルトニウム生産を検証可能な形で凍結させることに成功した。同施設におけるプルトニウム生産が中止されたため、現在、北朝鮮が所有しているのは、一九九四年以前に秘密裏に得た可能性のある少量の核分裂物質に限られる」からだと説明しています。

クリントン政権下で朝米改善進む

金　朝米両国はさらに関係改善を進展させましたが、それは、金大中《キム・デジュン》大統領と金正日国防委員長との

南北首脳会談開催という劇的な南北関係の変化と連動しています。

南北首脳会談直後の二〇〇〇年七月二八日にバンコクで実現した朝米外相会談を経て、一〇月九日から一二日まで、金正日委員長の特使として趙明禄《チョウ・ミョンノク》国防委員会第一副委員長（次帥）が訪米しました。金正恩委員長とトランプ大統領の朝米首脳会談が開催される過程でも、金英哲《キム・ヨンチョル》党副委員長が訪米してホワイトハウスを訪れましたが、趙明禄国防第一副委員長もクリントン大統領らと会談し、「朝米共同コミュニケ」が発表されたのです。

趙明禄国防第一副委員長の訪米と「朝米共同コミュニケ」の発表は、クリントン政権がそれまでの米国の対北朝鮮政策を見直したことによって実現したものです。この見直しを提言したのが、ペリー元国防部長官を調整官に任命して作成された前述の『ペリー報告書』です。

この二〇〇〇年朝米共同コミュニケの内容は以下のとおりです。

① 両国関係を根本的に改善する措置を取る
② 一九五三年の停戦協定を強固な平和保障システムに転換し、朝鮮戦争を公式に終息させる
③ そのために四者会談などの様々な方途がある

軍服姿の趙明録特使がホワイトハウスでクリントン大統領と笑顔で握手した姿は、「敵対関係の解消」を見せつけるものでした。さらに両国は「大統領の訪問を準備するため、オルブライト国務長官が近いうちに（北）朝鮮を訪問する」ことにも合意。

(9) 渡辺美智雄自民党団長、久保亘社会党団長、鳩山由紀夫さきがけ団長の自社さ連立与党訪朝団が一九九五年三月三〇日に北朝鮮を訪問。

このように朝米関係が改善されたことにより、二〇〇〇年一月から二〇〇一年三月までに、北朝鮮はイタリア、イギリス、オランダ、ベルギー、スペイン、ドイツ、ルクセングルク、ギリシャなどのEU加盟国とも国交を正常化しています。

――これまでの敵対的な朝米関係を考えると、実に画期的な合意になりますが、この背景に何が左右したのでしょうか。

金　先ほども述べましたが、北朝鮮との和解と協力を進める金大中大統領の助言と、彼の対北朝鮮包容政策の存在が大きく影響していました。金大中大統領が推進した和解と協力の包容政策（太陽政策）[10]に積極協力した林東源《イム・ドンウォン》元統一部長官は「米国のクリントン政権に対し、韓国と共に朝鮮半島の冷戦構造を解体し、平和体制を築いていこうと説得しました。北朝鮮の核・ミサイル問題は米朝敵対関係の産物であるため、対症療法では解決できず、朝鮮半島の冷戦構造解体という根本的かつ包括的なアプローチで、平和プロセスを通して解決していかなければならないと説得したのです」[11]と明らかにしています。

そしてオルブライト国務長官がクリントン大統領の訪朝を準備するため、いよいよ一〇月二三日に平壌を訪問して金正日国防委員長らと会談したのですが、ブッシュ政権の登場によって状況は一変しました。もちろん大統領選挙を二週間後に控えた時点で、オルブライト国務長官が金正日委員長と会談し、クリントン大統領の訪朝を準備することは物理的にも無理だったという見方があります。しかしアル・ゴア民主党候補（副大統領）が大統領選挙で勝利していればどうなったでしょうか。クリントン大統領は任期の最後に訪朝し、金正日総書記と会談したはずです。

ブッシュ大統領に政権交代したことにより、後述しますが、北朝鮮が初期段階で核計画を放棄する機会を失うことになりました。

ブッシュ政権で霧散した核計画放棄のシナリオ

――こうしたチャンスを失ったことは、はたして今回の米朝のシンガポール首脳会談で繰り返される危険性はないのかということです。

金　ブッシュ政権は、北朝鮮が崩壊すると信じていたと思います。しかし北朝鮮は崩壊せず、しかも当時とは、北朝鮮の核開発の段階が全く違います。したがって一九九四年ジュネーブ合意や、後で説明する二〇〇五年九・一九合意以上の外交パッケージが必要です。それが今回の朝米シンガポール共同声明です。もちろん朝米交渉には、薄氷を踏むような側面もあるのですが、両国は容易に、朝米共同声明で合意した「非核化」と「平和体制保証」の交換を壊すことはできないと思います。

なぜなら今回の朝米合意は、両国の最高指導者による破格の約束であり、破棄すれば、両国に重い政治負担を与えます。とくに「全党、全国が社会主義経済建設に総力を集中する」と宣言した北朝鮮

(10) **太陽政策**　金大中大統領が対北朝鮮政策の柱として打ち出した。イソップ物語にある太陽が北風に勝ち旅人がマントを脱いだ逸話にちなみ名付けられた。一九九二年二月に発効した南北基本合意書の実践を目的としてきた。南北間中心の平和体制樹立、政権分離による南北経済協力推進、対北食糧支援と協力提供、離散家族再会と手紙交換実現――などを課題としてきた。金大中政権では、一九九八年一一月の金剛山観光、二〇〇〇年六月の南北首脳会談、同年八月の離散家族の相互訪問と進んだ。二〇〇二年六月には北方限界線に端を発した南北海軍の衝突が起きたが、金大中政権は太陽政策を続けた。次の盧武鉉政権も太陽政策を遂行し、二回目の南北首脳会談を実現させたが、李明博、朴槿恵政権は太陽政策を否定、対北朝鮮政策では融和政策から対決政策に変わった。

(11) 講演「太陽政策と東方政策―現在と未来のための省察」（二〇一七年五月二六日）

にとってはなおさらそうです。

ブッシュ政権に話を戻しましょう。二〇〇〇年一一月七日に行われた米国大統領選挙では、共和党のジョージ・ブッシュ候補が民主党のアル・ゴア民主党候補を破って当選し、大統領に就任しました。ブッシュ共和党政権は九・一一事件を契機にアフガン戦争を開始し、タリバン政権を崩壊させたのですが、この時、ブッシュ政権に布陣していたのはチェイニー副大統領、ラムズフェルド国防長官、ボルトン国務次官、ウォルフォウィッツ国防副長官らに代表される新保守主義（ネオコン）勢力です。そしてブッシュ大統領は二〇〇二年一月二六日に発表した一般年頭教書で、イラン・イラク・北朝鮮の三か国を「悪の枢軸」と非難。言わば、北朝鮮を対テロ戦争の対象に想定し、北朝鮮に対する「先制攻撃」の可能性を示したのです。

これによって朝米関係は一挙に緊張しました。しかし北朝鮮は、小泉純一郎首相が二〇〇二年九月一七日に訪朝した直後の一〇月三日～五日まで米国のケリー国務次官補の訪朝を受け入れました。この時期は、大量破壊兵器査察を口実にしたイランに対する米国の圧迫が強まっていた時であり、韓国は大統領選挙の最中でした。

ところが訪朝したケリー国務次官補は、北朝鮮がウラン濃縮計画を認めたと公表し、続いて米国務省は二〇〇二年一〇月一六日に「同計画の破棄を求める声明」を発表したのです。これに北朝鮮側は「米国特使は根拠資料もなしに、われわれが核兵器製造を目的に濃縮ウラン計画を推進し、朝米基本合意に違反していると言いがかりをつけた」と反論したのですが、ＫＥＤＯは二〇〇二年一一月一四日、北朝鮮への重油提供を一二月船積み分から停止すると発表。

元々、米議会の反対によって、北朝鮮への重油提供は順調に行なわれていなかったのですが、KEDOが重油提供の停止を決定したことにより、朝米対立は極限に達しました。北朝鮮は重油提供の停止を、ブッシュ政権側からの一九九四年ジュネーブ合意「破棄」と考えたのでしょう。

このようにして浮上した北朝鮮のウラン濃縮計画は、同年一二月一九に予定されていた第一六代韓国大統領選挙にも影響を与えることになりました。北朝鮮に融和的な民主党の盧武鉉《ノ・ムヒョン》候補では、北朝鮮核危機への対処は困難でないかという有権者心理が働き、同候補の勝利は僅差でした。

本格化する北朝鮮のウラン濃縮計画――ブッシュ政権との対立が背景に

金　二〇〇二年一二月一二日に北朝鮮は核施設の凍結解除を発表、同二七日にはIAEA査察官の追放を決定。そして二〇〇三年一月一〇日にNPT脱退を宣言し、二月からは実験用黒鉛減速炉の運転を再開しました。これにより、一九九四年ジュネーブ合意は崩壊してしまったのです。これが第二次核危機です。

このように見ると、一九九四年ジュネーブ合意を北朝鮮が壊したと言われるのですが、私は大統領選挙を挟んで対北朝鮮政策を一八〇度転換したブッシュ政権の責任が大きいと思います。北朝鮮に対するブッシュ政権の敵視政策がジュネーブ合意を崩壊させ、北朝鮮の核開発を本格化させる要因になったと言わざるを得ません。

私は、北朝鮮のウラン濃縮計画はブッシュ政権との対立の中で本格的に進められたと見ています。後に、北朝鮮が二回目の核実験を実施した三か月後の二〇〇九年九月三日、北朝鮮の国連代表部が国連安全保障理事会議長に手紙を送り、「ウラン濃縮試験が成功裏に進み、完了段階に入った」と通告したことで、北朝鮮のウラン濃縮が事実であると確認されました。そしてオバマ政権時代に訪朝したヘッカー米スタンフォード大教授も、二〇一〇年一一月一二日に寧辺《ヨンビョン》の核関連施設を訪れた時、北朝鮮の原子力総局担当者から、軽水炉建設現場とともに「最近完成したばかりの近代的なウラン濃縮施設に案内された」と公表しています。ただこのウラン濃縮計画が技術的にどの段階まで進んでいるかは、現在も明らかになっていません。

六者協議はなぜ結実しなかったのか

ブッシュ政権の対北朝鮮政策を検証する

金　第一次核危機で米国は北朝鮮と初の直接交渉に応じ、一九九四年ジュネーブ合意を導出したのですが、第二次核危機のもとで、ブッシュ政権は北朝鮮との直接交渉を避け、六者協議という多者間協議を選択しました。ブッシュ大統領は二〇〇三年一月一四日、ホワイトハウスで「米国は北朝鮮との対話を、中国とロシア、韓国、日本がこの問題を平和的に解決するためのテーブルにつくようにする機会として活用する」(12)と述べ、多者間会議を推進する意志を明らかにしました。北朝鮮との直接交渉は政権負担になると考えたのでしょう。六者協議を主導したのは中国でした。中国の積極的な仲介によって二〇〇三年四月二三日から二五日まで北京で朝中米三者会議が開催された後、八月二七日から北京で第一回六者協議が開催されました。

――北朝鮮と中国の関係は、中国が韓国と国交を正常化した一九九二年八月二四日以降、悪化していましたね。

金　北朝鮮との「血の友誼」関係は冷え込んでいましたが、二〇〇〇年五月と翌年一月に金正日委員長が訪中し、中国の江沢民国家主席も訪朝することで関係が改善され、両国の貿易量も増えていました。中国にとっては、国境を接する北朝鮮と米国の対立が激化することは決して望ましいことではありません。また中国は東アジアにおける核拡散（ドミノ）にも敏感でした。したがって朝鮮半島を安定的に管理するため、六者協議の議長国になって協議を積極的に主導する必要があったと思われます。北朝鮮も、ＮＰＴから脱退した直後の二〇〇三年三月二〇日に米国がイラク進攻を開始した状況を見ながら、「イラクの次」として危機感を高めたことでしょう。そのため米国との対立リスクを下げるため、中国の協力を必要としていました。

――ですから、北朝鮮情勢は変わる状況にあった。

金　しかし六者協議で米国は「完全かつ検証可能で不可逆的な非核化」（ＣＶＩＤ）を強く求め、これに北朝鮮は猛烈に反発しました。北朝鮮が、段階的に非核化を進めながら米国に代償を求める立場を固守したことから埋めがたい朝米対立が続き、二〇〇四年六月に開催された第三回協議の後からは中断状態に陥ってしまいました。北朝鮮はその年一一月に行われる米国大統領選挙の結果を見極めようとしたのかも知れません。

(12)「連合ニュース」二〇〇三年一月一六日。

このような状況で、米国では二〇〇四年一一月二日に大統領選挙が実施されました。イラク戦争をめぐって米国民の判断は二分されましたが、結果は接戦の結果、ブッシュ大統領の再選が決まりました。ところが北朝鮮は二〇〇五年二月一〇日、再選に成功したブッシュ大統領に向け、「ブッシュ米行政府の対（北）朝鮮孤立・圧殺政策に対し、核兵器を製造した」と爆弾級の声明を発表し、六者協議への参加も「無期限中断する」と発表したのです。

六者協議は危機を迎えました。この状況を打開するうえで積極的な役割を演じたのは韓国と中国です。盧武鉉《ノ・ムヒョン》大統領は、平壌《ピョンヤン》で開催された民族統一大祝典に鄭東泳《チョン・ドンヨン》統一部長官を特使として派遣。鄭統一部長官は六月二〇日に金正日総書記と会談して核問題や平和体制、対北支援などについて協議を重ねました。中国の唐家璇国務委員も七月一三日に北朝鮮を訪問して金正日委員長らと会談。六者協議再開のための調整を続けました。その結果、七月二六日から第四回協議を開催すると中国側から発表されたのです。二〇〇五年七月一三日のことです。第三回協議から一年余り経ってからの再開です。そして再開された六者協議第四回協議は、休会を経ながらも、九月一九日に共同声明を採択しました。これが二〇〇五年九・一九合意です。

二〇〇五年九・一九合意の具体化へ

――六者協議が再開されるようになったのは、このように北朝鮮の瀬戸際政策がきっかけになっているのですが、合意はどう進んだのか、ですが。

金　二〇〇五年九・一九合意の過程では、やはり中国の積極的な仲介努力と、もう一方では、米国の六者協議代表がケリー国務次官補からヒル国務次官補に交代し、北朝鮮と米国が六者協議の枠内で二者会議を進めたことが大きいと思われます。

二〇〇五年九・一九合意の内容は画期的でした。その主な内容は次の通りです。

① 平和的な方法による朝鮮半島の検証可能な非核化を確認する

② 北朝鮮は全ての核兵器及び既存の核計画を放棄し、核兵器不拡散条約（NPT）及びIAEA保障措置に復帰する

③ 米国は、朝鮮半島に核兵器を配備せず、北朝鮮に対して核兵器または通常兵器による攻撃または侵略を行う意図を有しない

④ 米国と日本は、北朝鮮と国交正常化するための措置を取る

⑤ 朝鮮半島における恒久的な平和体制について協議する

しかし二〇〇五年九・一九合意が発表される直前の九月一五日、米国財務省がマカオの「バンコ・デルタ・アジア（BDA）」を資金洗浄金融機関に指定し、マカオ当局が九月二八日に北朝鮮関連口座を凍結する事態が発生しました。まるでブレーキとアクセルペダルを同時に踏み込むような異常事態です。北朝鮮は、「九・一九合意」を発表しながら北朝鮮の資金を凍結するブッシュ政権の態度に不信と不安をつのらせたはずです。米国がいつ、二〇〇五年九・一九合意を反故にするかも知れないという危険性を示したからです。

このように見ると、北朝鮮の危険な瀬戸際戦術と核兵器保有宣言が周辺国と国際社会に不安を与えたことは事実ですが、信頼を損ねるような米国の大国主義的で身勝手な姿勢に大きな問題があると指

摘せざるを得ません。

――「バンコ・デルタ・アジア（ＢＤＡ）」の資金洗浄金融機関指定は米国のどんな勢力が誘導したのですか。シンガポール米朝首脳会談前にも、北朝鮮の資金問題が出ましたが、北朝鮮にどのような影響があるのですか。

金　もちろんブッシュ政権にも、穏健派と強硬派が存在していました。米国財務省による金融制裁の背景には、北朝鮮の偽ドル問題があるとも言われていますが、時期的に見て、穏健派と強硬派の対立と見るべきでしょう。六者協議を着陸させようとしていた国務省とネオコンとの葛藤の現れだと思います。ただ北朝鮮は、米国がマカオのＢＤＡを資金洗浄金融機関に指定し、口座が凍結されたことにより、海外活動、特に貿易決済に大きな支障が生まれたはずです。凍結されたのは、総額二四〇〇万ドルにのぼる五〇の北朝鮮関連口座でした。

さらに米財務省は一〇月二一日、「大量破壊兵器拡散関与」を口実に朝鮮企業八社の資産を凍結、その後も朝鮮に対する各種制裁をエスカレートさせました。

ブッシュ政権は後半、北朝鮮核問題を交渉によって解決に誘導する方向に変化しましたが、北朝鮮に対する敵視政策を終息させたわけではありません。封鎖（圧力）政策によって合意履行を求めるように変わったということです。二〇〇三年一二月に合意されたリビア方式を成功した先行事例と考え、安保環境が全く違う北朝鮮にこれを適用しようと考えたのです。

国連安保理決議から六者協議再開まで

金　「バンコ・デルタ・アジア（ＢＤＡ）」問題によって二〇〇五年九・一九合意の具体化協議は中断されてしまったのですが、北朝鮮がミサイルの試験発射を本格化したのもこの時期からです。二〇〇六年七月五日、ＢＤＡ問題で米国に譲歩を迫った北朝鮮はミサイル試験発射を強行し、中・長距離ミサイル七発を次々に発射しました。このようにミサイル発射能力を誇示した北朝鮮に対し、国連安保理は非難決議を採択。北朝鮮にミサイル発射と開発を中止するよう求め、強硬に対応しました。しかし北朝鮮は「自衛的国防力を強化する軍事訓練の一環だ」と主張して一蹴し、圧迫を加えるなら「別の形態のより強力な物理的行動措置を取らざるを得ない」と警告しました。その警告とは地下核実験の実施でした。北朝鮮は現在までに六回の核実験を行っていますが、その最初がこの時、二〇〇五年一〇月九日でした。

北朝鮮の核実験に対して国連安保理が選択したのは、国際社会の「経済制裁」です。国連安保理決議一七一八の採択です。これには六者協議の議長国である中国も加わりました。北朝鮮の核実験が中国の安全環境に悪影響を与えると憂慮したからです。もし北朝鮮が核兵器を保有することになれば、日本や韓国がドミノ的に核開発に誘惑されることを恐れたのかも知れません。また中国の国際的責任からもそうせざるを得なかったでしょう。

国連安保理は、経済制裁などを定めている国連憲章第四一条に基づき、次のような決議を採択しました。

① 北朝鮮に対して核兵器と核開発計画、その他の大量破壊兵器、弾道ミサイル計画を放棄するよう義務付ける

② 国連加盟国には、核・ミサイルはもちろん、通常兵器も、部品を含めて北朝鮮への輸出を禁止する
③ 大量破壊兵器計画に関わった人物や組織に対する資産凍結を決定する

これに北朝鮮は、国連安保理決議を「不当な決議であり、全面的に拒否する」との態度を示しながらも、「九・一九共同声明で公約したように、朝鮮半島の非核化を対話と協議によって平和的に解決しようとする我々の意志は現在も変わらない」と強調し、米国の金融制裁解除を条件に六者協議に復帰する意思も示しました。

この時も事態解決のため介入したのは中国でした。そして国際社会もまた、中国に期待するしかなかったのです。北朝鮮が核実験を強行した直後、一〇月一九日に唐家璇国務委員が胡錦涛国家主席の特使として訪朝し、金正日総書記と会談。そして一〇月三一日、中国外務省は「各国の都合がいい近いうちに六者協議を再開する」と発表しました。

六者協議が再開されるようになった背景としては、米国が北朝鮮に対する金融制裁で譲歩する意思を示したことが大きかったと思われます。それに加えてイラク戦争を開始したブッシュ政権が、イラクの治安悪化によって出口を見つけられない状態にあり、北朝鮮との協議を再開させなくては、中東と東アジアの二正面で懸案を解決できない状態を続けることになったことも作用したでしょう。その後、ブッシュ政権が中間選挙で惨敗したことは、これをさらに後押ししました。

北朝鮮、中国、米国の六者協議代表が金融制裁をめぐる協議と六者協議を並行して進めることに合意したことから、二〇〇六年一二月一八日に北京で第五回六者協議が再開されました。しかし焦点は金融制裁をめぐる朝米間の直接協議でした。北朝鮮の金桂冠《キム・ケグァン》外務次官と米国のヒル国務次官補は二〇〇七年

一月一六日からベルリンで協議を重ねたのですが、「一定の合意」が見られたことから、第五回六者協議が再開されました。そして二月一三日に共同声明が採択されました。これが二〇〇六年二・一三合意です。

二〇〇六年二・一三合意は二〇〇五年九・一九合意の具体化

金 二〇〇六年「二・一三合意」の内容は以下のとおりです。

① 北朝鮮が核放棄の初期段階（六〇日以内）として、核施設の稼動を停止・封印し、IAEAの監視と検証を受ける

② 米・朝と日・朝各国は国交正常化に向けた二国間協議を開始する

③ 米国は北朝鮮へのテロ支援国家指定解除と、対敵国通商法の適用終了に向けた作業を開始する

④ 五か国は北朝鮮に対し、重油五万トン相当の緊急エネルギー支援を提供する

⑤ 六か国は三〇日以内に五つの作業部会（朝鮮半島非核化、米朝国交正常化、日朝国交正常化、経済及びエネルギー協力、東北アジアの平和・安保体制）を設置する

そして第二段階の措置として、

① 北朝鮮は核計画に関する完全な申告書を提出し、すべての核施設を無能力化する

② 五か国は総計一〇〇万トン（④の五万トンを含む）の重油価格に相当する経済・エネルギー・人道支援を北朝鮮に提供する

③ 六か国は初期段階措置の実施を確認し、速やかに高位級会議を開催する

という合意内容です。

二〇〇七年五月一七日、北朝鮮外務省は、BDA資金を北朝鮮の銀行口座に送金するための作業が進行中だと公式に確認し、送金が終了次第、非核化の初期段階措置に着手すると明らかにしました。さらに北朝鮮は一一月に米国の専門家グループを受け入れ、核施設の無能力化に向けた作業を開始。そして二〇〇八年八月に北朝鮮が核計画申告書を提出したことから、米国はテロ支援国家指定解除の手続きを進め、一〇月に北朝鮮をテロ支援国家指定から解除するに至ったのです。

――この合意の経過を知りますと、非核化はうまく運ぶと読んでも当然ではないですか。盧武鉉《ノ・ムヒョン》大統領は南北首脳会談の実現に傾注する。ただ、第1章でも指摘されましたが、金正日委員長との首脳会談は、政権末期の二〇〇七年一〇月三日でしたね。

金　二〇〇三年二月から始まった盧武鉉大統領の任期は、残念なことに、二〇〇三年一月一〇日に北朝鮮がNPT脱退を宣言し、第二次核危機に突入した直後から始まりました。二〇〇五年九・一九合意はBDA問題によって具体的に履行されず、しかも北朝鮮が二〇〇五年一〇月九日に核実験を実施したことによって国連安保理が制裁を決議したことから、およそ盧武鉉大統領が金正日総書記と首脳会談を実現できる状況ではなかったのです。ようやく、二〇〇六年二・一三合意によって南北首脳会談開催を準備できるようになった時、すでに盧武鉉大統領は任期の最終年度を迎えていました。

二〇〇六年二・一三合意は二〇〇五年九・一九合意の具体化とも言えます。その特徴は、リビアのような先核放棄でなく、「核放棄の初期段階」で国交正常化協議やテロ支援国指定解除の作業などの相応措置を米国が提供すると約束したことにあります。そして北朝鮮の核問題解決には、朝米間の直接交渉が不可欠であることも示しました。中国が主導した六者協議も、朝米の直接協議が進展しなければ、実質的な進展を実現できない限界を示したからです。

こうした流れを見ると、ブッシュ政権の第一期は北朝鮮の「体制転覆」を目標にしていたのが、第二期は新保守主義者（ネオコン）の多くが政権を離れたことも加わり、北朝鮮核問題の解決を交渉によって誘導する方向に変化した。こう評価することができるのではないでしょうか。

しかし米国ブッシュ政権の最大の責任は、一九九四年ジュネーブ合意と二〇〇〇年朝米共同コミュニケにより、北朝鮮の核開発を初期段階で放棄させることが可能であったにもかかわらず、その可能性を壊してしまったことです。

——この時期、北朝鮮はまだ核施設を保有していませんね。

金　そうです。保有するようになれば、交渉はより困難になります。ブッシュ政権は、米国に対する北朝鮮の不信を増大させ、逆説的ですが、北朝鮮が核開発を本格的に促進するよう誘発しました。私はこの時期から、北朝鮮が朝米合意よりも核開発計画の完成に優位を置くようになったと思います。それが、合意によって核開発のための「時間稼ぎ」をしたと、北朝鮮が非難されるようになった背景です。

日本は六者協議でどのような働きをしたのか

——話を聞いていて気になるのは、日本はどうした役割を果たしたのか。これはぜひ伺いたい。北朝鮮が核施設を保有していないこの時期に外交的努力が可能ではなかったのか。

金　日本は、朝鮮半島軍事対立の直接の当事者ではありませんが、東アジアの平和に責任と役割を有する国です。しかし日本が六者協議で突出した役割をしたとは言えません。

六者協議の正式名称は「北朝鮮核問題の平和的解決方案を議論するために六か国が参加する多者会談」であり、北朝鮮の核問題を平和的に解決し、朝鮮半島の非核化を実現するために開催されたのですが、日本は第一回会議から「拉致問題解決」を提起し、その姿勢を続けました。そのため、北朝鮮はもちろん、中国、ロシア、韓国も、「会談の焦点を分散させる行動は好ましくない」という理由で日本の姿勢には批判的であり、拉致問題は朝日二国間の協議事項だという立場を示していました。

日本政府にとって優先課題とはいえ、なぜ北朝鮮核問題という安全保障問題を議論する六者協議に、人権問題である拉致問題を提起し続けたのか疑問です。日本は、二〇〇六年七月から二〇一七年八月までの一一年間に九回の独自制裁を北朝鮮に科しています。ところが圧力一辺倒で、なおかつ北朝鮮核問題と拉致問題を連結させたため、拉致問題解決をより困難にしてしまったのではないでしょうか。

オバマ政権の対北朝鮮政策

戦略的忍耐論の登場

金　二〇〇九年一月にオバマ政権が出帆しましたが、その前年の二月、韓国では保守の李明博《イ・ミョンバク》政権が発足し、金大中・盧武鉉政権と北朝鮮との間で合意された「六・一五南北共同宣言」「一〇・四南北共同宣言」の継承が事実上拒否され、南北関係は冷え込んでいました。さらに偶発的な事件発生によって金剛山《クムグァンサン》観光が中断され、二〇一〇年五月には、天安艦《チョナムハム》沈没事件に対する報復として、開城《ケソン》工業団地と最小限の人道的支援事業を除く全ての南北交流事業を禁止する「五・二四措置」が発表され、南北関係は断絶状態にありました。

オバマ大統領は候補時代、北朝鮮の核脅威を対話で解決する関与政策を示唆していました。しかし就任直後の二〇〇九年四月に北朝鮮が弾道ミサイルを発射、五月二五日に二回目の核実験を強行するや、「戦略的忍耐論」を採用し、国連安保理決議による経済制裁と米国独自の制裁によって北朝鮮に圧迫を加え、核・ミサイル開発計画を断念させる方向を定めることになりました。戦略的忍耐論は北朝鮮に核放棄を先行して求め、北朝鮮が核・ミサイル開発計画を具体的に放棄するまで無視を続けるというものです。この戦略の基底にも、北朝鮮の「体制崩壊論」が存在していました。

ところが情勢は急変します。金正日委員長が二〇一一年一二月一七日に死亡し、北朝鮮はポスト金正日体制に移行することになりました。権力は三男の金正恩《キム・ジョンウン》氏に継承されたのです。金正恩氏はすでに、二〇一〇年九月二八日に開催された第三回朝鮮労働党代表者会で党中央委員、党中央軍事委員会副委員長に就任していましたが、二〇一二年四月一一日の第四回労働党代表者会で党第一書記、同年四月一三日の最高人民会議で国防委員会第一委員長に推戴され、最高指導者のポストを手にしました。

朝鮮労働党代表者会は、党の最高議決機関である党大会と党大会の間に特別な理由がある時に開催される臨時党大会の性格を持つ会議です。党大会は一九八〇年第六回大会以後、開催されておらず、党代表者会議も過去、一九五八年と一九六六年の二回しか開催されていません。今回、相次いで開催された党代表者会の目的は、言うまでもなく金正恩指導体制の確立にあります。

しかし北朝鮮の権力交替は朝米対話の機会にもなりました。両国は北京で高位級会談を開催し、二〇一二年二月二九日に合意文が発表されました。これが二〇一二年二・二九合意です。この二・二九合意の内容は次の通りです。

① 北朝鮮がウラン濃縮活動、核・ミサイル実験を一時中断する

② IAEA査察官を復帰させる

③ 米国が二四万トンの食糧を支援する

この合意により、北朝鮮の核問題と朝鮮半島の平和をめぐって朝米が接近するのではないかと期待されたのですが、北朝鮮は故金日成主席生誕一〇〇周年を記念し、地球観測衛星「光明星3号」を祝砲として発射すると予告。四月一三日に発射したことから、この合意は壊れてしまったのです。また二〇一二年は、故金正日総書記が示した「強盛大国」の扉を開く目標の年でした。

「光明星3号」を搭載した「銀河3号」が弾道ミサイルであるとか、国連決議違反だという国際社会の非難に、北朝鮮は主権国家の平和目的の実用衛星であると主張し、批判は北朝鮮に対する敵対政策の延長だと反論しました。そして各国の専門家と記者を招待し、ロケット発射現場を外部に公開。あくまで軍事目的のミサイル試験発射ではなく、平和目的の衛星発射だという主張を裏付けるためです。しかし発射された「光明星3号」は、衛星軌道進入には失敗しました。

またこの日に開催された最高人民会議で北朝鮮は、自国が「核保有国」であると明記する憲法改正も行い、これ以後、核保有国として認めるよう国際社会に求める姿勢に転じたのです。

なぜ「二・二九合意」が破棄されたのか

――オバマ政権が戦略的忍耐の方針を変えて、「二・二九合意」を生んだわけですが、なぜ北朝鮮は合

意を破るのですか。ここがわかりません。

金　「光明星3号」を搭載した「銀河3号」はロケットであり、国連が非難する弾道ミサイルではないというのが北朝鮮の主張です。そのため発射を事前通告し、国際的な規定や慣例を守ることも明らかにしたのです。ロケットに弾頭を載せればミサイルになり、ミサイルに人工衛星を載せて打ち上げればロケットになりますが、日本のメディアは「人工衛星と称する」とか、「事実上の長距離弾道ミサイル」と報道しました。

「二・二九合意」が交わされた二〇一二年は北朝鮮にとって特別な年だったと思います。北朝鮮憲法で故金日成主席は「偉大な首領」とされ、「朝鮮民主主義人民共和国の創建者」「社会主義朝鮮の始祖」ともされています。その金日成《キム・イルソン》主席の生誕一〇〇周年を迎え、北朝鮮は最大の国家的祝賀行事として「光明星3号」を発射したのです。

また二〇一二年は、故金正日委員長が示した「強盛大国」の扉を開く目標の年でした。したがって最高指導者のポストに就いたばかりの金正恩委員長としては、国家を挙げて祝福し、国力を誇示することを優先せざるを得なかったと思います。しかし「光明星3号」の発射は朝米関係改善の機会を遠ざけてしまいました。

北朝鮮はこの後、二〇一三年二月に三回目、二〇一六年一月に四回目、九月に五回目、二〇一七年九月に六回目の核実験を実施し、トランプ大統領が北朝鮮を九年ぶりにテロ支援国家に再指定[13]した直後の一一月二九日、米国本土までを射程に収めると推定されるＩＣＢＭ級「火星15型ミサイル」の試験発射に成功するなど、核・ミサイル技術の高度化を達成した姿を次々に示しました。

前述したようにオバマ政権の対北朝鮮政策の特徴は戦略的忍耐論です。オバマ大統領は先に非核化を要求し、北朝鮮との直接交渉は拒否しました。北朝鮮が二〇一六年一月六日に六回目の核実験を強行した時、それも水爆実験と発表されたにもかかわらず、オバマ大統領は、その直後の二〇一六年一月一三日に行った「新年一般教書演説」でこれに全く言及しなかったほどです。問題は、米国が「戦略的忍耐」を実施し、北朝鮮の孤立を強化している間、北朝鮮の核開発計画が中断されたり、核開発計画が再考される変化が生まれたのかです。残念ながら、その答えは否定的にならざるを得ません。「戦略的忍耐論」は北朝鮮に時間を与え、核開発は水爆実験にまで高度化してしまいました。

このようにして北朝鮮の核・ミサイル開発をめぐる米朝対立はトランプ政権に引継がれることになったのです。

――オバマ政権の戦略的忍耐に異議を打ち出す勢力は米国にはなかったのですか。

金　もちろん外交での解決を訴え続けてきたペリー元国防長官や、ドナルド・グレッグ元駐韓米国大使のような朝鮮半島専門家がいなかったわけではありません。しかし歴代の米国政権で支配的だったのは、北朝鮮は崩壊するという「体制崩壊論」であり、北朝鮮の合意違反を理由にした「交渉不要論」です。ＣＩＡ（米中央情報局）は一九九八年、北朝鮮が五年以内に崩壊すると見込んだ秘密報告書を作成していました。「北朝鮮崩壊論」は、北朝鮮の核開発に対する意思と能力、何より北朝鮮が持つ耐久力を過小評価していました。

オバマ政権は「戦略的忍耐論」でなく、北朝鮮に対する関与政策を積極検討すべきだったと思います。

⒀ 二〇一七年一一月二〇日

第4章

朝米シンガポール共同声明——不信から信頼へ

朝米会談をどう評価するか

敵対、相互不信からの脱却

――六月一二日、米国のトランプ大統領と北朝鮮の金正恩《キム・ジョンウン》国務委員長はシンガポールで史上初の米朝首脳会談を開催し、七〇年近く続いて来た敵対関係に終止符を打ちました。この会談の歴史的意味は極めて大きいのですが、どう評価しますか。

金　これまでの朝米関係には威嚇と非難しかなく、軍事衝突の危機が同伴する相互不信の塊のような関係が続いて来ました。しかもその中の三年間は血みどろの朝鮮戦争です。それを想起すれば、まさに歴史的事変だと言えます。文在寅《ムン・ジェイン》大統領も同日、「地球上の最後の冷戦を解体した世界史的事件だ」と評価して歓迎しました。私も同じ考えです。

朝米首脳会談の後、両首脳が署名した朝米共同声明はまず、「米国と北朝鮮は、平和と繁栄に向けた両国国民の願いに基づいて、新しい関係を樹立するために取り組んでいく」ことを約束しました。七〇年近く続いた敵対関係を解消して「新しい関係樹立」に向かうと明らかにしたのです。それは言うまでもなく、北朝鮮と米国の国交正常化を意味しています。次に「朝鮮半島において持続的で安定した平和体制を構築する」と約束。それは朝鮮戦争の停戦協定を平和協定に転換することを意味しています。そしてトランプ大統領が「北朝鮮の体制に対する安全の保証」を約束したことに対し、金正恩委員長は「朝鮮半島の完全な非核化について断固として揺るがない決意」を表明したと朝米共同声明は明らかにしています。つまり朝米両国は「朝鮮半島の完全な非核化」と「北朝鮮の体制に対する安全保証」を対称的にディール（取引）したのです。

私は、朝鮮半島の完全な非核化と北朝鮮の体制に対する安全保証を、車の両輪のように前に進めて行くべきだと考えています。したがって「均衡」を無視し、どちらか一方だけを前に進めようとしても、車は前に進みません。

ところが朝米首脳会談に対しては、合意内容が具体的でないという指摘と非難があふれています。私は、朝米首脳会談を、トランプ大統領が会談前に強調していたように「プロセスの始まり」と考えればいいと思います。数か月前まで、北朝鮮がミサイル発射と核実験を強行し、戦争の恐怖が撒き散らされていたことを考えれば、それだけでも劇的な転換であり、大変な成果です。

北朝鮮と米国は朝鮮戦争の停戦体制を終わらせ、新しい関係を樹立する歴史的な一歩を踏み出したのです。まさに朝鮮半島におけるビッグバンの始まりです。金正恩委員長が共同声明署名式で「今日、我々は過去と決別する。世界は大きな変化を見ることになるだろう」と強調した発言に期待したいと思います。

朝米シンガポール共同声明四つの特徴

――米朝シンガポール共同声明では「相互の信頼醸成によって朝鮮半島の世界の平和と繁栄に寄与すると確信し、トランプ大統領と金正恩国務委員長は次のことを言明する」として四項目をあげましたね。「米朝共同声明」の特徴をどう捉えればいいのでしょうか。

金　[1]朝米シンガポール共同声明四項目の最大の特徴は、北朝鮮と米国の最高指導者が「朝鮮半島の完全な非核化」と「北朝鮮の体制に対する安全保証」を等価交換することに合意し、公式に発表したことにあります。

現在の状況は、北朝鮮がまだ核施設を保有していなかったり、核開発に成功していなかった一九九四年ジュネーブ合意の時や、二〇〇五年九・一九合意の時とは全く違います。北朝鮮は既に核開発に成功して核爆弾を保有しています。昨年一一月には米国本土を直接攻撃できるＩＣＢＭ級ミサイルの試験発射に成功し、「核武力が完成」したと明らかにしている以上、解決すべき非核化の課題は山脈のように存在しており、交渉は以前よりも一層困難にならざるを得ません。そのため朝米両国は、実務レベルで協議と合意を積み上げて行く方式ではなく、両国の最高指導者が総論で「包括合意」し、その政治的担保力のもとで具体化を協議して行く方式を選択したのです。

次に今回の朝米共同声明が「信頼関係の構築」を強調していることも特徴です。朝米共同声明は「相互の信頼醸成によって朝鮮半島の非核化を推進する」と明示しています。両国は信頼を構築しながら非核化の履行を進めて行くと約束したのですが、それが豊渓里《プンゲリ》核実験場の爆破やミサイルエンジン実験場の解体など、北朝鮮が既に行っている先行措置であり、米国による韓米合同軍事演習の中止発表です。七月六日、金英哲《キム・ヨンチョル》副委員長とポンペオ国務長官の高位級会談が行われた後、北朝鮮外務省が発表した談話文の中で使われていた「新しい方式で解決」も、このような信頼構築を先行させながら朝鮮半島の非核化を実現して行こうという意味だと解釈できます。

三つ目の特徴は、朝米首脳会談が今後も継続されることです。六月一日に金英哲副委員長がホワイトハウスを訪れた時、トランプ大統領は「北朝鮮の非核化のプロセスが始まる」と発言しています。首脳会談後の記者会見でも、トランプ大統領は適切な時期に平壌に行くと明らかにし、金正恩委員長をホワイトハウスに招待することにも言及しています。首脳間の会談は今後も続くのです。

――六者協議のころに北朝鮮のコミットメントで使われたのは、「ことば対ことば」「行動対行動」でした。

金　二〇〇五年九・一九合意は相互不信と猜疑心を前提にしています。したがって「ことば対ことば」「行動対行動」という原則を確認したわけです。相手が一歩踏み出さない限り、こちらも踏み出さない猜疑心が背景に存在していました。したがって二〇〇五年九・一九合意は「相互不信を前提にした相互主義」でしたが、今回のシンガポール朝米共同声明は「信頼構築による互恵主義」といえます。

――しかしそれは先に説明を受けた板門店宣言に対して具体的内容がないとメディアが批判したのと同じではないですか。

金　朝米シンガポール共同声明をよく読んでください。多くのメディアは、具体的でないとか、完全かつ検証可能で不可逆的な非核化（ＣＶＩＤ）が明記されていないとか批判していますが、非核化との等価交換を約束した北朝鮮の体制に対する安全保証の内容も具体的に明記されていません。北朝鮮

（1）**朝米シンガポール共同声明四項目**　1　米国と北朝鮮は、両国民が平和と繁栄を切望していることに応じ、新たな米朝関係を確立すると約束する。2　米国と北朝鮮は、朝鮮半島において持続的で安定した平和体制を築くため共に努力する。3　二〇一八年四月二七日の「板門店宣言」を再確認し、北朝鮮は朝鮮半島における完全非核化に向けて努力すると約束する。4　米国と北朝鮮は（朝鮮戦争の米国人）捕虜や行方不明兵士の遺体の収容を約束する。これには身元特定済みの遺体の即時帰国も含まれる（『日本経済新聞』二〇一八年六月一三日より）。

の体制に対する安全保証とは、朝鮮戦争の終戦や平和協定の締結、朝米国交正常化を指すわけですが、このような具体的な内容も朝米シンガポール共同声明で明示されていません。

私は、北朝鮮がＣＶＩＤの根幹である「完全な非核化」に同意したことを評価すべきだと思います。とくに両国の最高指導者によって包括的合意されたことを過小評価すべきではないと思います。北朝鮮においては、指導者の決定が絶対的です。したがって最高指導者の決定によって合意された朝米共同声明の枠組みは容易に壊れるものではありません。対立しながらも、その枠内で後続協議が続いて行くと予想されます。

米国にとっての入口が北朝鮮にとっての出口

朝米対極の核交渉戦略

——包括的合意次元で朝米シンガポール共同声明は終わった最大の理由は何でしょうか。

金　私は、朝米首脳会談の準備過程でも、そして朝米共同声明を現実化する後続交渉過程でも、次のような朝米間の交渉戦略の差異と駆け引きをめぐる対立が存在すると見ています。

まず北朝鮮は、核実験・ミサイル試験発射の凍結や豊渓里《プンゲリ》核実験場の爆破、そしてミサイルエンジン試験場の閉鎖など「未来の核」に交渉の重点を置き、それに相応する「平和体制の保証措置」を求めようとする立場ですが、米国の立場は、既に完成している核爆弾と米国本土に到達するＩＣＢＭ級ミサイルを優先的に国外に搬出して破壊する「果敢で迅速な措置」に加え、現在稼働している核・ミサイル関連施設を早急に凍結・破棄することに重点を置く立場（過去の核＋現在の核）だと予測されます。ところが自国にとって最大の脅威を優先的に除去するため、北朝鮮に求める「果敢で迅速な措置」が米国にとっての「入口」であっても、北朝鮮にとってそれは、米国から「北朝鮮の体制に対する安全保証」を見返りとして得るため、最後まで放棄することのできない命綱のような「出口」です。

次にＣＶＩＤであれ、朝鮮半島の完全な非核化であれ、「完全」の範囲とはどこまでを指すのでしょうか。「完全」と言っても、現実的には「完全に近い」解決しか存在しません。米国もＣＶＩＤだけではなく、ＦＦＶＤ（最終的かつ完全に検証された非核化）と主張したり、シンガポール朝米会談直後に韓国を訪問したポンペオ国務長官は「われわれは、北朝鮮が二年半以内に主な非核化措置（major disarmament）を達成することを希望する」と発言したりしています。

朝米交渉の進展過程で、北朝鮮は非核化の対象である①核関連施設 ②核分裂物質 ③保有している核爆弾などを申告し、国際原子力機関（ＩＡＥＡ）の査察を受けると思われますが、査察も北朝鮮の主権を無視して無制限にできるわけではありません。米国やＩＡＥＡが、自ら保持している情報に基づいて追加申告を北朝鮮に求めた場合、北朝鮮は全て受け入れるでしょうか。

また「不可逆的」な非核化も、核関連施設の凍結・不能化は「可逆的」であるため、これらを破壊・破棄してこそ「不可逆的」と言えるのですが、その際にも完全な非核化の対象と範囲が問題になります。もし報道されているように、北朝鮮の核開発技術を「不可逆的に」無力化するため、核開発に関与してその知識と経験を持つ北朝鮮研究者の国外移住まで、完全な非核化の対象として米国が要求すればどうなるでしょうか。

さらに高濃度放射能で汚染され、破棄するのに数十年かかると言われ、その技術も確立していない再処理施設などはどうするのでしょう。このように非核化の範囲とその履行順序・期間を定める交渉は非常に困難な交渉にならざるを得ません。したがって「完全かつ査察可能で不可逆的」な非核化（CVID）は「机上の理論」のような性格も併せ持っています。

また非核化措置の見返りとして米国が北朝鮮に提供する「平和体制保証」という等価交換も、いつどの段階で、そして何と何を等価と考えるのかという問題があります。すでに北朝鮮は、自らが先行実施した核実験とミサイル発射の凍結・核実験場の爆破、そして約束したミサイルエンジン試験場の閉鎖に相応して米国が決定した韓米合同軍事演習の中断は等価交換ではないと反発しています。つまり爆破した核実験場や、約束したミサイルエンジン試験場を閉鎖・破壊した場合、それを復元することは難しく、また時間もかかることに比べると、韓米合同軍事演習の中止決定はいつでも撤回して再開でき、「可逆的」であるために等価性が低いというのです。

北朝鮮が要求する朝鮮戦争終戦宣言と米国の要求する核リスト申告をめぐる対立も、これから生じた問題です。今後も、対称的な等価交換とはいえ、北朝鮮は「体制の安全保証」に重点を置こうとするでしょう。米国はすでに「非核化」を優先する姿勢を示しています。

しかも北朝鮮がまだ核開発に成功していなかった一九九四年ジュネーブ合意の時や、二〇〇五年九・一九合意の時と現在の状況は全く違います。北朝鮮は既に核開発に成功しており、「未来の核」だけではなく、「過去の核」も「現在の核」も保有しているのですから解決すべき非核化の議題は多く、交渉も以前より一層困難になると考えられます。そのため「薄氷を渡るような交渉」になることも否定することはできません。

国連安保理制裁決議の解除時期をめぐり

――国連安保理制裁決議を北朝鮮の非核化進行でどの段階で解除するのかが焦点になってきますが。

金　文在寅大統領は七月八日からインド、シンガポールを訪問しました。そして同月一三日、シンガポール・レクチャーで講演し、「金正恩委員長が非核化の約束を守るなら、自国を繁栄へと導くことができる」と述べ、「韓国政府は、一日も早く平和体制が実現し、経済協力が開始されるよう努力する」と明らかにしました。北朝鮮に対する国際的な制裁が続いている現状では、平和体制が実現してこそ経済協力できるという順序ですが、できる限り非核化の履行が進む早い段階で南北経済協力を始動させたいのが、韓国政府の考えだと思われます。

しかし米国は完全な非核化が実現してこそ制裁を解除できるという立場です。トランプ大統領は二〇〇八年六月二二日、ブッシュ政府時代に発動された行政命令一三四六六号など六件の対北朝鮮制裁行政命令の効力を一年延長すると発表。朝米首脳会談後も、非核化の進展なしには制裁を解除しない米国政府の強い意志を再確認しました。

さらに七月二六日、趙明均《チョウ・ミョンギュン》統一部長官がポンペオ国務長官と電話会談したことが確認されました。韓国統一部はこの日、二人が韓国時間の昨日午前、電話会談をしたと伝え、「朝鮮半島非核化及び最近の南北関係と関連して幅広く協議した」と明らかにしています。しかしポンペオ長官の公式のカウンターパートナーは康京和《カン・ギョンファ》外交部長官である点から、趙長官とポンペオ長官の電話会談は異例です。そのためポンペオ長官は南北関係主務部処のトップである趙明均長官に対し、北朝鮮の非核化が進まない状況で南北経済協力が先行しないよう求めたのではないかと観測されています。マーク・ランバート国務省東アジア太平洋副次官補代行もこの日、開城《ケソン》工団企業と現代牙山《ヒョンデアサン》など経済協力企業関係者一〇人余りと会い、非核化に進展がない限り対北朝鮮制裁を緩和できないので、経済協力再開は困ると伝えています。

　このように米国は完全な非核化後の制裁解除という立場であり、現在は北朝鮮に先非核化を要求する方向に傾いています。そのため、国連安保理制裁決議の解除をめぐり、韓・米、朝・米はもちろん、中国・ロシアも含む緊密な協議が必要になっています。

――ただ韓国の康京和外交部長官とポンペオ国務長官が七月二〇日にニューヨークで国連安全保障理事会の理事国同席のもと共同ブリーフィングを行いましたね。北朝鮮が具体的な措置をとるまで、圧力をかけ続けることで合意しました。経済制裁解除とは逆の方向ではないですか。

金　康京和外交部長官がブリーフィングをした主な目的は、国連安保理に南北対話及び協力に関連する部分的な制裁免除を要請するためです。康京和外交部長官はこの日、国連安保理理事国に対して「北朝鮮と対話協力するために要求される部分で制限的な制裁免除が必要だ」と要請しています。康長官の要請は、北朝鮮の非核化を実現するため国際社会の制裁に同意しながらも、非核化を牽引するためには対話努力も必要だという判断によります。なぜなら、南北両政府は七月一六日、西海《ソヘ》地区の軍通信線を修復して連結を完了させましたが、この過程で通信線復旧に必要な光ケーブル、燃料、車両などを北朝鮮に支援するため、韓国政府は国連安保理対北制裁委員会に問い合わせ、例外が認められる手続きを踏まなければなりませんでした。

開城工団内の南北共同連絡事務所もそうです。設置工事を完了させ、南側の人員が常在するのに必要な物品が少なくないのですが、対北朝鮮制裁に抵触する可能性が大きいのです。

このように見ると、南北首脳会談で合意した板門店宣言や、各南北会談で合意された事案を履行しようとしても、国連安保理の制裁決議のため、困難が余りにも多いことが分かります。南北が山林緑化や鉄道連結会談で共同調査以外に合意できないのも、このような事情のためです。しかも南北が六月二八日、合同で列車を運行しながら、京義線《キョンイソン》の北朝鮮側区間を調査しようとした計画すら、国連軍司令部によって承認されませんでした。(2) したがって韓国政府は、南北間の疎通による非核化を促進するためにも、制裁適用を制限的に免除する必要があると求めたのです。

米国メディアの批判はどこに起因するか

――メディアからの批判については論じてきましたが、アメリカでは米朝シンガポール共同声明について、非核化の具体性がないとか、米国が損をしたとか、国連制裁の効果が会談を生んだとかがあふれたのはどうしてでしょうか。

金　北朝鮮に対する不信感のためです。朝鮮戦争以後続いた敵対関係の歴史は、同時に相互不信を累積させる歴史でもありました。

このような北朝鮮に対する不信感は、一九九〇年代から二〇〇〇年代に行なわれた朝米非核化交渉

(2) 二〇一八年八月二三日

南北分断を象徴する京義線・臨津江駅

で一層増大しました。東アジアの小国である北朝鮮が核開発計画を進め、朝米合意にもかかわらず、秘密裏に核開発を進めたという認識が米国で支配的になったからです。それは日本も同じです。その結果、「北朝鮮は合意を裏切って来た。北朝鮮は絶対に核を放棄しない」という見方が、北朝鮮核問題を議論する時の前提にさえなっています。

また国連制裁の効果が両会談を生んだという主張は、米国の圧倒的な軍事力、その圧倒的な軍事力を背景にした米国の外交が国際問題を解決するという考えの反映です。

現在、朝米首脳会談で「共同声明に明記された事項を全面的かつ迅速に履行する」と約束されたにもかかわらず、後続協議は進展していません。後続協議が進展すれば、非核化も、米国の北朝鮮に対する安全保証も進展し、制裁を緩和・解除する展望も見えて来ます。したがって朝米両首脳が「全面的かつ迅速に履行する」と約束しながら、後続協議に進展が見られないのは残念なことです。もちろん両国の交渉戦略に違いが存在しているのですが、両国間の不信、とくに米国メディアや議会の北朝鮮に対する不信も大きな原因です。

したがって私は、朝米首脳会談で合意された「新しい方式」という信頼構築のアプローチに加え、米中国交正常化過程にピンポン外交があったように、朝米間でもスポーツや音楽など非政治分野の交流を拡大して敵対感情を低め、不信の壁を下げて行くことも並行して進めて行くべきだと思います。

しかしこのような不信感は北朝鮮も同じです。米軍は朝鮮戦争で北朝鮮に絨毯爆撃を加え、核兵器の使用まで計画しました。北朝鮮にとって米国は最大の敵であり、まさに悪魔でした。そしてこのような米国に対する敵対感情と恐怖感が北朝鮮国内を結束させ、北朝鮮の支配体制を維持するイデオロギーとしても機能して来たのです。そのため、このように増幅累積されて来た朝米間の不信感が、シンガポール朝米首脳会談の開催だけで瞬時に氷解するでしょうか。しかし米国と戦った中国もベトナムも、今では米国と国交を正常化し、経済関係を拡大しているではないですか。そのように見れば、朝米関係の未来も楽観できると思います。

東アジアの平和構築を目指して

明言していた朝鮮戦争終戦は会談でふれず

――ところで、会談前は朝鮮戦争の終戦をトランプ大統領は明言していたのに、宣言で言及されなかったのはなぜでしょうか。

金　私も、今回の朝米首脳会談で最も意外に感じたのは、トランプ大統領が会談前、朝鮮戦争の終戦に「署名できるかも知れない」と言明していたにもかかわらず、それが実現しなかったことです。

実は韓国政府も、朝鮮戦争終結を宣言する可能性が高いと見ており、朝米首脳会談後の南・北・米首脳会談に出席するため、文在寅大統領のシンガポール訪問を準備していました。ところが、朝米首脳会談の少し前から韓国大統領府は、朝鮮戦争終戦を宣言する可能性は低くなったと明らかにし、文在寅大統領もシンガポールに行かないと発表するようになっていました。

シンガポールで朝鮮戦争終戦が宣言されなかった理由は明らかにされていません。しかし推測されるのは、中国が終戦宣言に参加しなければならないと北朝鮮に要求し、米中間の軋轢が生じたのではないかということです。金正恩委員長は三月に北京で習近平国家主席と会談した後、五月に大連、そして朝米首脳会談直後の六月一九日に北京で朝中首脳会談を連続して開催しています。言うまでもなく、中国は朝鮮半島と国境を接しており、六・二五朝鮮戦争が勃発した時には、「抗米援朝」を掲げて中国人民志願軍を戦場に投入した参戦当事国です。それに板門店宣言も、「南・北・米三者または南・北・米・中四者会談の開催を積極的に推進していく」と明らかにしているので、中国の考えも理解できます。しかしトランプ大統領が中国に求めるのは北朝鮮に対する圧力であり、米中貿易戦争の最中、朝鮮半島平和プロセスの前面に「ライバル強大国」[3]である中国が登場することには強い警戒心を持っています。

また米国の態度も変わったと推測されます。あれほどトランプ大統領が朝鮮戦争終戦宣言の発表に前向きであったにもかかわらず、七月七日に北朝鮮外務省が発表した談話文では、「すでに合意された終戦宣言問題にまで様々な条件と口実を付けて先送りにしようとする立場を取った」（・点筆者）と批判されています。この通りだとするなら、米国は北朝鮮と朝鮮戦争終戦宣言を約束していたことになります。また朝鮮戦争終戦宣言に新たな条件を付け、北朝鮮に核リストの申告をさせる取引（ディール）として利用したのかも知れません。これは新任のハリス駐韓米国大使が八月二日、朝鮮戦争終戦を宣言するには「北朝鮮が完全な核施設名簿を提出しなければならない」と述べたことによっても分かります。

南北はすでに板門店宣言で「休戦協定締結六五年になる今年に終戦を宣言する」と明らかにしています。しかも朝鮮戦争終戦は北朝鮮と米国の敵対関係解消を象徴し、朝米間の信頼を確固にする政治宣言でもあるため、文在寅大統領の調整力に期待されます。それとともに車の両輪が動くよう、できるだけ早いトランプ大統領の決断が求められます。

失敗した過去を繰り返すことはないのか

——北朝鮮はこれまで何度も「約束」を裏切ってきた事実がある。今回も繰り返すのではないかという危惧がある。また繰り返さないとは思いますが。

金　約束を裏切って来たというか、朝米合意が崩壊したことには米国の責任も大きいと言えます。もちろん北朝鮮は核とミサイル開発を続け、ついにそれを完成させたのですが、私は、もっと早くに国際社会がこの計画を中断させ、朝鮮半島の平和体制を実現することは可能だったと思います。

ブッシュ政権は北朝鮮との交渉を非道徳的だと考え、クリントン政権の対北朝鮮政策を全面否定し

(3)**「ライバル強大国」**トランプ大統領は二〇一七年一二月一八日、ワシントンで国家安保戦略について演説。中国とロシアは「米国の価値や富に挑戦するライバル強国だ」と名指しにして警戒感を表明した。

ました。そして北朝鮮が崩壊するという判断に基づいて体制転覆を目標にしたために一九九四年ジュネーブ合意は崩壊し、北朝鮮が核開発を再開する結果を招来させました。李明博《イ・ミョンバク》・朴槿恵《パク・クネ》政権のもとで南北関係が断絶していた事情もありますが、オバマ政権は北朝鮮の核開発を「悪」だと考え、「悪」には対価を与えないという戦略的忍耐の立場を続け、結果的に北朝鮮が核・ミサイル開発を高度化する機会を与えてしまいました。これらの経過は第3章で詳しく述べました。

私は、北朝鮮が今回、後戻りできない非核化の決断を下したと見ています。前述したように北朝鮮は朝鮮労働党中央委員会で「核・経済並進路線の勝利」を宣言しています。二〇一三年三月の党中央委員会で決定した核と経済の並進路線は終わったという宣言です。そして新たに「全党、全国が社会主義経済建設に総力を集中する」と明らかにしました。これは党と国家の路線転換を意味しています。

その前の二〇一六年五月、金正恩委員長は三六年ぶりに開催された第七回朝鮮労働党大会で「経済部門が遅れている」との認識を示し、二〇一六年から二〇二〇年までの五か年計画が第一段階、そして経済開発区の活性化が第二段階、第三段階で「ウリ（我々）式の経済管理」、つまり北朝鮮式の経済改革戦略を進めて行くと明らかにしています。もし朝米首脳会談の合意が実行されなければ、金正恩委員長は政治的に困難な局面を迎えるようになるでしょう。なぜなら、金正恩委員長が第七回党大会で明らかにした「経済発展戦略」も、党中央委員会で決定した「社会主義経済建設に総力集中」も前に進まなくなってしまうからです。

これは、社会主義政治体制を維持しながら改革・開放で経済を立て直し、世界第二位の経済大国に成長した中国の先例と比較すれば、より明確に理解することができます。「中国の改革・開放の設計者」

と呼ばれる鄧小平は一九七八年十二月、「四大現代化路線」を提唱して「中国式の改革・開放」を本格的に稼働させました。ただ、これは一九七二年のニクソン米大統領訪中を転機とした事実上の米中関係正常化と、一九七九年の公式な国交樹立を前提にしています。中国は米国と国交を樹立した翌年の一九八〇年に国際通貨基金（ＩＭＦ）加盟、二〇〇一年に世界貿易機構（ＷＴＯ）加盟を実現しています。米国との国交正常化による安保環境の改善なしには、改革・開放も、国際経済秩序への編入も実現しなかったはずです。

経済成長の著しいベトナムもまた、安保環境を安定させることによって改革開放政策に実効を上げることができました。ベトナムは一九八六年の第六次共産党大会で「ドイモイ（刷新）政策」を採択しました。しかし「ドイモイ政策」が成果を収めるのは、戦争をした敵国である米国と一九九五年七月一二日に国交を正常化し、安保環境を安定化させた後からです。そして現在、ベトナムは悲惨なベトナム戦争を乗り越え、米国と友好的で親密な関係を続けています。ベトナムも二〇〇七年に世界貿易機構（ＷＴＯ）に加盟しましたが、米国との敵対関係解消と国交正常化なしには、改革・開放経済政策を進められないのが国際政治と経済、そして国際金融の現状です。これは北朝鮮も例外ではありません。

文在寅大統領も七月一二日、シンガポール・レクチャーでの講演で「金正恩委員長は、理念対決から抜け出し、北朝鮮を正常国家に発展させる意欲がきわめて高かった。非核化の約束を守り、自身の国を変えていくことができるだろう」と評価しています。

――この二つの重要な宣言が出て、朝鮮半島の冷戦構造が平和的構造に変わろうとしている。最終章

（第5章）で焦点化しますが、日本も変わらざるを得ないでしょう。

金　そう願います。韓国と同じように、日本も第二次世界大戦後、米国との同盟関係を安全保障の基軸にして来ました。その結果、日本は「朝鮮半島有事」に対備する後方基地となりました。しかしその朝鮮半島において冷戦構造が崩壊しようとしているわけですから、日本も朝鮮半島平和プロセスに加わり、北朝鮮との国交正常化を積極的に進めて行くべきではないでしょうか。朝鮮半島の非核化と平和の実現は、平和な日本を実現することに寄与するはずです。したがって私は、朝鮮半島の非核化と平和の実現は日本の平和問題に直結していると強調したいのです。

朝鮮半島の完全な非核化も、北朝鮮の体制に対する安全保証も、「朝鮮半島における永続的で安定した平和の体制を構築する」ために必要な措置です。そしてこの目標に合意したことこそが、史上初の朝米首脳会談開催を歴史的偉業と評価できる部分なのです。

この朝鮮半島の安定した平和体制と関連し、文在寅大統領は「非核化は過程であり、目標は東アジアの平和体制確立だ」と主張しています。文在寅大統領は①非核化②平和協定③朝米・朝日関係の正常化④北東アジアの多国間安保協力によって朝鮮半島で冷戦体制を終わらせると明らかにしていますが、六月ロシア訪問を前にしたインタビューでも、「南北間で平和体制が構築されれば、中長期的には北東アジア全体の多者平和安保協力体制に発展させて行かなければならない」と答えています。私は今後、この北東アジアの多国間安保協力体制の構築をどのように実現するのかという議論が、非常に重要になると思います。

東アジアの安全保障体制の変化と駐韓米軍

「朝鮮半島非核化共同宣言」を実行に移す時が来た

金　次のような構想も前提に議論して行くべきだと思います。非核化が進展すれば、南北が「核兵器禁止条約」に加盟する可能性も生まれて来るはずです。韓国政府は現在、韓米相互防衛条約に基づく韓米同盟により、韓国が米国の「核の傘」に守られていることを理由に条約参加を拒否していますが、将来は分かりません。すでに南北は、死文化しているとはいえ、一九九一年に「核兵器の製造・保有・使用の禁止、核燃料再処理施設・ウラン濃縮施設の非保有、非核化検証のための南北相互核査察実施」などを約束した「朝鮮半島非核化共同宣言」を発効させています。私は、板門店宣言をより内実化させていくためにも、韓国の市民社会が「核兵器禁止条約」加盟を求める運動を展開して行くよう願います。

——東アジアで核兵器を保有していない日本とモンゴルが大きな役割をはたさないといけない。

金　そうです。日本とモンゴルが非核化後の南北と共に核兵器不保持を宣言し、核保有国の米国・中国・ロシアがこれらの核非保有国を攻撃しないと約束する「非核地帯化条約」も積極的に議論すべきではないでしょうか。

なぜなら、朝鮮半島の冷戦構造が崩壊し、平和の波が東アジアに影響を与えようとしても、日本には、「北朝鮮の核・ミサイル危機」に代わって「中国脅威論」を持ち出し、既存の軍備増強中心の安保政策を主張する人々が多いと推測されるからです。「中国脅威論」を掲げる限り、日本は米国との垂直的な同盟関係を維持し続けなければならず、軍備増強中心の安保政策から抜け出すことができません。日本では少ない議論ですが、韓国と協力しながら、東アジア全体の多国間平和安保協力体制の創設、「核兵器禁止条約」加盟や「非核地帯化条約」を実現して行くことが望まれます。

韓米同盟の検討と調整が議論される

――駐韓米軍はどうなるのでしょうか。東アジアは冷戦構造解体まで進むのでしょうか。

金　駐韓米軍は韓米相互防衛条約に基づく韓米同盟の問題であり、朝米間の非核化交渉の過程で議論される議題ではないというのが、韓国政府の公式の立場です。したがって現段階で駐韓米軍の撤退は南北、朝米間協議の議題にはならないと思います。しかし非核化が進展して平和協定が締結され、南北の緊張緩和と軍縮が進展すれば、私はいずれ、朝鮮半島の変化に合わせて韓米同盟の検討と調整が議論されると思います。

トランプ大統領も朝米首脳会談後の記者会見で駐韓米軍に対する質問を受け、「いずれは軍を撤退したいとは思っている。現在、韓国には三万二〇〇〇人もの兵士がいる。アメリカに帰国させたいと思っているが、いま、検討されていることではない。この先やりたいことではあるが、いますることではない。駐留兵士を家に帰してあげたい」と言及しています。

また約束された非核化は「朝鮮半島の非核化」です。したがって北朝鮮も、核攻撃可能な米国の戦略資産（戦略爆撃機・原子力空母・原子力潜水艦など）の朝鮮半島配備はもちろん、展開も禁止するよう求める可能性があります。世界で最も強力な核兵器を多数保有する米国が北朝鮮に核開発放棄を求めるには、当然、核兵器の使用及び威嚇をしないという約束をしなければなりません。

したがって平和協定が締結され、朝米が国交を正常化すれば、韓米同盟の役割について検討されるのは不可避です。それに伴って駐韓米軍の規模や存在についての議論が現実化すると思います。

それは太平洋全域における米軍の再編とも関連するのですが、沖縄など日本の米軍基地も影響を受けざるを得ないでしょう。二〇〇〇億円以上ともいわれるイージス・アショアも必要なのでしょうか。いま必要なのは、このような朝鮮半島冷戦構造の崩壊によって作り出される東アジアの大変化に対する想像力です。

北朝鮮の人権問題について

深刻な人権問題の解決――迫り方について

――二つの会談でいずれも人権問題が議題に上がっていません。会談は非核化が焦点である以上、議論の背後に退くのは当然かもしれませんが、この間、北朝鮮の人権問題の深刻さは指摘されてきました。どう考えられるか。

金　トランプ大統領も、朝米首脳会談後の記者会見で「非核化に比べると手短だったが、議論はした」と答えています。私も、北朝鮮には深刻な人権問題が存在すると思います。その最大の理由は、多元的な価値を認める民主主義が不在なことです。

北朝鮮では、朝鮮戦争以後も米国との敵対関係が続いて来たことから、住民は戦時体制にあると教育されて来ました。そして「全人民の武装化」に代表されるような国防力増強を中心にした政治体制が形成され、金正日《キム・ジョンイル》国防委員長の時代には、全てにおいて軍事が優先する先軍政治が行われました。このような政治のもとで人権抑圧が続いています。次に指摘すべきは、最高指導者（首領）を中心にする主体思想、唯一指導体系の存在です。この結果、民主主義の多元的な価値は排除され、特異な個人崇拝政治が行われて来ました。

ただ私は、北朝鮮の人権問題を考えるうえで注意しなければならないことがあると考えています。それは北朝鮮の人権問題を体制転覆や政権崩壊と結びつけてアプローチしてはならないということです。韓国では、北朝鮮の「赤化統一論」を激しく非難する反北朝鮮団体が先頭に立って北朝鮮の人権問題を提起しています。しかし、これらの団体が、韓国内の人権問題に対しては、これを無視したり、場合によっては人権感覚を疑いたくなるような行動をする事例が多く見られます。また逆に、北朝鮮との和解交流を主張する人の中に、北朝鮮の人権問題を認めなかったり、存在しないかのように主張する人もいます。北朝鮮だけでなく、人権問題はそれぞれの政治目的によって接近する問題ではありません。

北朝鮮の人権問題が深刻とはいえ、人権問題を抱えていない国もまた存在しません。韓国も日本も、そうです。米国にも深刻な人権問題が存在します。

私は、北朝鮮の人権状況を改善していくためには、北朝鮮に平和体制が提供されなければならないと思います。北朝鮮の特異な政治体制が朝鮮半島の冷戦構造、すなわち南北分断と対立とも連関があると考えるからです。そして北朝鮮に経済発展の機会と環境が提供されなければならないと思います。同じ社会主義国の中国を見れば分かりやすいでしょう。中国は米国と国交正常化を実現して安保環境を変化させ、改革・開放によって経済を成長させて来ました。そして国民の生活水準が向上するとともに、民主主義をめぐる環境も過去とは変化して来ました。経済が拡大し、国民生活が豊かになれば、国民は徐々に自らの利害にもとづいて政治的自由を求めるようになります。もちろん中国が人権や民主主義、そして政治的自由について成功を収めているわけではありません。しかし変化は生まれています。

そして北朝鮮ができるだけ早く国際社会に復帰できるようにすることです。北朝鮮が様々な国際組織に加盟するようになれば、その規定や決議、さらに国際規約や国際法上の勧告や拘束を受けるようになります。私は、このようにして朝鮮半島全体で人権が保障される未来に近づいて行きたいと考えています。

——人権問題と民主主義の問題の関係は正確に反映する。しかし、人権問題は被害、抑圧を受ける者には一刻の猶予がないわけですよね。

金　繰り返しますが、北朝鮮の人権問題は多元的な価値を認める民主主義の不在に原因しています。したがって北朝鮮に変化して行く機会と環境を与えなければならないと言うのが私の考えです。遠回りに思われるかも知れませんが、それが解決の道だと思います。それと難しいことですが、北朝鮮の人権状況に対するできるだけ正確な情報が必要です。それによって国際社会が北朝鮮に説得力のある人権状況の改善を勧告して行くことができ、我々も努力を続けて行くことができます。

北朝鮮へのバイアスについて考える

――北朝鮮の政治形態は権力が世襲された政権です。世襲政権が絶対的権力を有してきました。指摘されたように民主主義の多元的な価値は排除される社会を生んできました。民主主義について日本人の私が日本の現状を差し置いて言えることではありませんが、これらのことが北朝鮮に対してバイアスがかかる見方の大きな原因ではないですか。

金　南北の政治状況は、東アジアの冷戦状況と無関係ではありません。社会主義国と対決する冷戦構造のもとでは、韓国、台湾、そしてかつてのフィリピンや旧南ベトナムもそうですが、東アジア周辺国は反共産主義の前進基地となり、高度に軍事化されて来ました。その結果、軍が肥大化した韓国では軍事政権が継続し、権威主義政治のもとで国民に対する暴力的弾圧、非民主的な政治が展開されて来ました。北朝鮮も軍事優先の政治体制を形成し、個人崇拝・世襲という特異な支配体制を続けています。

世襲による権力移譲は個人崇拝と一対です。それによって政権の正統性を確保しなければならないからです。金日成《キム・イルソン》主席や金正日《キム・ジョンイル》委員長だけではなく、いわゆる「白頭の血統」と言われる金正恩《キム・ジョンウン》委員長も偶像化されています。この「白頭の血統」に対する忠誠は北朝鮮を支える支配イデオロギーにもなっています。このような世襲と個人崇拝政治が、おっしゃるように北朝鮮を見る視点にバイアスがかかる原因になっていると思います。

ただ金日成主席から金正日委員長に権力が世襲された時、隣国の中国が権力継承で混乱したことも影響を与えたと思います。中国では権力をめぐる激しい対立が繰返されて来ました。後継者に指名されていた林彪が国外に逃亡し、一九七一年九月一三日に搭乗機が墜落して死亡するということもあり、その後、指導部を掌握した四人組は処断されました。北朝鮮は、このように継続して権力の継承に失敗して混乱の続く隣国中国を見ていたわけです。肯定するわけではありませんが、中国の姿を見ながら、混乱なく安定的に権力を継承することは北朝鮮指導部にとっても最大の課題だったはずです。

しかし北朝鮮が日本人拉致を認めた後から、堰を切ったようにあふれ出した日本社会の北朝鮮バッシングの中には、余りにも分別のないものが多すぎます。北朝鮮を嘲笑するような発言や番組が、北朝鮮に対してバイアスのかかる見方を大きくしていることも否定できません。

北朝鮮に対するバイアスを下げて行くため、一次情報を入手できない困難がありながらも、等身大の北朝鮮を知る努力が必要です。東ヨーロッパの大半の旧社会主義国は、旧ソ連の衛星国家であり、経済的な分業国家でもありました。その点から見れば、北朝鮮はソ連に従属した国ではなく、自主的な社会主義建設を進めたと見ることができます。また経済不振から脱却できず、硬直した政治を続ける北朝鮮には、外部から眺める我々の尺度とは違う価値観が存在しています。

何よりも、そこには人がおり生活しています。働き、食べ、飲み、泣いたり笑ったり、時には争ったりもする我々と同じ人が住んでいます。もちろん男女の愛もあります。一九八九年に北朝鮮を訪れ、一九九三年に七年の実刑判決が宣告されて投獄された作家の黄晳暎《ファン・ソギョン》さんは、韓国に帰国して投獄される前にドイツで北朝鮮訪問記を書きましたが、その表題は「人が暮らしているね」でした。しかし我々は、北朝鮮の人々の暮らしについても、あまり知ってはいません。

バイアスのかかった北朝鮮情報の氾濫や、その原因を提供することにもなっている北朝鮮の現状についてこのように考えながら、等身大の北朝鮮に接近する努力を重ねたいと思います。そして北朝鮮にも、「恐怖国家」というような国際社会のイメージと不信を解消する努力を求めたいと思います。

第5章 北朝鮮の核と日本

北朝鮮はなぜ核保有をしたのか

恐怖の米国の軍事力

――北朝鮮がなぜ核開発を進めたのか。核廃絶は人類の目標です。それに背を向けた核開発は、どうしても受け入れられない。ただ、北朝鮮だけが核の問題で批判されるというのもおかしい。核保有国五か国は核不拡散条約（NPT）では核兵器の削減に努力するように規定されているのに、小型の核兵器開発などで核開発を止めようとしていません。まず、なぜ北朝鮮が核を持とうしたのかを考えたいのですが。

金　それは米国[1]の軍事力に対する恐怖でしょう。私は、国際情勢の変化による孤立感から生まれた北朝鮮の危機意識と米国の軍事攻撃に対する恐怖が北朝鮮の核開発の背景にあり、その主な誘因だと考えています。

　これは韓国も同様です。ベトナム戦争で疲弊していた米国がニクソン・ドクトリンを発表し、一九七一年に在韓米軍の削減を強行しましたが、これに共産化の危機感を抱いた朴正熙《パク・チョンヒ》大統領も、この時期に韓国[2]独自の核開発（**「資料編」用語解説参照**）を秘密裏に進めていたことが確認されています。これは米国の圧迫によって中断に追いやられました。

　一九七〇年代に入ってからの東西デタントと米中接近は北朝鮮に大きな不安を与えたはずです。一九七四年に北朝鮮は初めて米国に平和協定締結を提案していますが、もう一方では核開発の誘惑に背を向けることができなくなったのではないでしょうか。

さらに一九八〇年代後半に入って冷戦が終わり、続いてソ連とともに東欧社会主義圏が崩壊し、同盟国の中国までが韓国と国交正常化したことから、北朝鮮は国際的孤立を一挙に深め、米国の軍事的脅威をそれまで以上に強く感じたことでしょう。朝鮮戦争当時、米軍によって爆撃され、核兵器の使用まで検討されたことから、北朝鮮が米国に対して感じる恐怖と敵対意識は外部から予測する以上のものがあると思われます。この「米国の脅威に対抗する抑止力」確保が、その後に北朝鮮が核開発を進める動機になり、背景になったと考えられます。

とくにブッシュ政権が進めた一九九一年のアフガン戦争と二〇〇三年のイラク戦争は、北朝鮮に「米国の脅威」を一層強く感じさせたはずです。さらに二〇一一年、核開発計画を放棄して米国と国交を正常化したリビアにおいて、NATO軍の空爆を受ける中、四〇年以上もリビアを支配したカダフィ

(1) **米国の軍事力に対する恐怖**　朝鮮戦争渦中の韓国の言論だけでも北朝鮮は核攻撃の恐怖を受けてきた。米国在住の歴史学者金東源は，朝鮮戦争中の米国の核開発推進や朝鮮への原爆投下に関係した記事を調べ、『東亜日報』六三本、『朝鮮日報』七九本の計一四二本に及ぶと発表した。朝鮮戦争休戦後、李承晩大統領は「核兵器禁止は価値がない。文明社会は共産主義者に対して核爆弾を導入して絶滅すべきだ」（『東亜日報』一九五四年四月六日）とまで語っている。一九五八年の駐韓米軍の戦術核配備は現在の核対決を結果的に招いたとも言える。

(2) **韓国独自の核開発**　朴正熙は一九六〇年代から在韓米軍の兵力では対応できないという考えをもっていた。北朝鮮の兵力が韓国より上回り、米国の戦術核配置が継続するかどうか不安定だったからだ。米国は韓国に対するハイテク兵器の提供を拒否していた。朴正熙に対する不信感が背景にある。米国議会は朴正熙政権の反民主的政権運営に懸念を表明し、FMS（外国の軍隊に対する信用貸付）の変更もした。朴正熙は政権当初から一〇年後の韓国の安全保障面での体制強化を図る方針を打ち出し、検討項目の中に核開発も入っていた。一九六九年に米大統領に就任したリチャード・ニクソンの外交政策の変化（ニクソン・ドクトリン）によってアジアからの米兵力削減方針（七一年に在韓米陸軍第七師団を一方的に撤収）が生まれ、安全保障上の危機感が核開発に舵を切ったわけで、CIA文書を明らかにしたネットメディア「プレシアン」では、朴正熙暗殺という事態で政権内に分散していたスタッフは霧散したと報じている。

大佐が殺害されたのは衝撃だったでしょう。

それだけではなく、三八度線で対峙している韓国軍に対して軍事的優位性を確保し、世界最強の米軍と対抗するためには、核が必要だと考える北朝鮮軍部の要求もあったと思います。そのように考えれば、二〇一六年六月二九日に開催された北朝鮮の最高人民会議（国会）で憲法を改正し、国防委員会の代わりに国務委員会を設置することが決定され、金正恩《キム・ジョンウン》国防委員会第一委員長が国務委員会委員長に推戴された意味は重要です。金正日《キム・ジョンイル》国防委員長が定めた「先軍政治」の中心機関は国防委員会でした。したがって国防委員会の廃止は軍部優先政治の終わりを意味すると言えます。同時に朝鮮人民軍指導部の人事が頻繁に交代したのは、その地ならしであり、韓国や米国との対話路線に転換する準備だと考えられるからです。

報道によれば、一九八六年には六万四千発の核兵器が地球上に存在し、核軍縮が進んだ現在でも、九二〇〇発以上の核兵器が米・ソを中心にして地球上に存在するそうです。しかも実際に使えるように小型化されたり、撃ち落とせないように多弾頭化する高度化が進む愚かな技術開発が行われています。

ご存知のように、現在、核兵器の保有が認められているのは、米・ソ・英・仏・中の五か国だけであり、一九七〇年に発効した核兵器不拡散条約（ＮＰＴ）によって管理されていますが、すでにインド、パキスタンも核兵器を保有しており、イスラエルが保有していることも公然の事実です。しかも日本政府は北朝鮮の核開発に激しく反対しながら、ＮＰＴ未加盟国のインドに原発輸出を可能にする原子力協定を締結するなどダブルスタンダードな姿勢を示しています。

質問で触れられたように、北朝鮮だけが核の問題で批判されるのはおかしいと言うことにも説得力があると思います。しかし核廃絶は人類の目標であり、そのためには北朝鮮の核だけではなく、世界の核に反対し、核兵器禁止条約加盟国を増やしていくべきではないでしょうか。

二〇一六年、一七年の朝米核対決をどうみる

――ただ問題なのは、二〇一六年から一七年にかけての米朝核対決です。なぜ核の恐怖状況を北朝鮮が米国とともに作り出したのか。この点はどうみればいいのでしょうか。

金　北朝鮮の核開発には、前述したように「米国に対抗する抑止力」という軍事目的とともに、政治外交的目的が存在します。当初は、核開発が目的の全てですが、核関連施設が建設され、北朝鮮の「核疑惑」が浮上するや、核開発は政治外交的性格を帯びるようになりました。一九九四年ジュネーブ合意や二〇〇〇年朝米共同コミュニケは、北朝鮮の核開発が政治外交的目的を最も達成した事例だと言えます。

金正日国防委員長が死亡した後、金正恩国務委員長が権力を継承したのは二〇一二年ですが、金正恩時代の特徴は、二〇一三年三月に開催された党中央委員会と二〇一六年五月に開催された第七回党大会に現れています。金正恩国務委員長は党中央委員会で「経済建設と核武力の併進路線」を定め、三六年ぶりに開催された第七回党大会では「社会主義強国建設の偉業と人民生活の改善」を国家目標として定めました。「経済建設と核武力の併進路線」とは、限られた国家資源を通常兵器による国防力増強と競争から、非対称的な核開発に集中させ、完成を加速化しようというものです。

そのため核実験も二〇一六年一月に四回目、二〇一六年九月に五回目、二〇一七年九月に六回目というように、わずか一年九か月の間に三回。そして運搬手段であるミサイル試験発射も、二〇一六年からは二〇一七年のＩＣＢＭ級「火星15型」ミサイルの試験発射まで毎月のように行われ、緊張を高めました。二〇一六年から二〇一七年の朝米核対決の背景には、このように北朝鮮が核計画の完成を加速化させたことがあり、それに新しく米国最高指導者に就任したトランプ大統領の対北朝鮮政策が衝突して生じた危機だと思います。

——核武力は自らを守るだけではなく、それを持ち続ければ、国際社会の制裁が加重されるなど負担にもなる。国際社会が許さない。

金　そうです。いずれ政治外交的目的に転換させ、交渉に持ち込まなければ、さらに負担が増えます。北朝鮮の核開発は、昨年一一月二九日にＩＣＢＭ級「火星15型」ミサイルが試験発射された後から、政治外交的目的の側面が全面化されています。この時点から北朝鮮はミサイル試験発射と核実験を凍結しました。そしてそれが南北首脳会談と朝米首脳会談の実現に繋がっています。

北朝鮮の経済政策はどこに向かうのか

過去の失敗に学ぶ文在寅政権の取り組み

——残念なことに、「朝鮮半島非核化共同宣言」は結果的に守られませんでした。韓国では六・一五南北共同宣言、一〇・四南北共同宣言も、保守政権に変ると守られない事態を経験した。同じことを繰り返すわけにはいかないでしょう。

金　その通りです。一九九一年年に「南と北は相手に武力を使わず、相手を武力で侵略しない」(第九条)と南北不可侵を約束した南北基本合意書が締結されました。この合意と並ぶのが「朝鮮半島非核化共同宣言」です。しかしこれらの合意はその後、北朝鮮の核・ミサイル開発や保守政権の北朝鮮対決政策によって死文化しているのが現状です。それで文在寅大統領は板門店宣言を国会で批准しようとしました。政権が変わってもこれを履行するよう、国会の批准同意を経て法的効力を担保するのがその目的です。

韓国政府は二〇〇五年一二月に「南北関係発展に関する法律」(「南北発展法」)を制定しています。この法律は、統治行為とされて来た南北対話に根拠を与え、南北合意に対する立法手続きを定めたものです。文在寅《ムン・ジェイン》大統領は「南北発展法第二一条」(3)に従い、国会で批准同意を実現しようとしたのですが、野党自由韓国党の反対により、六月国会では合意を見ることができず、処理に失敗してしまいました。

文政権はキャンドル市民革命が生んだ政権です。第1章で話しましたが、過去の積弊と呼ばれている旧悪を清算する作業が進んでいます。しかし変わっていないのが国会です。なぜなら、現在の国会がキャンドル市民革命以前に実施された二〇一六年四月の総選挙によって構成されているからです。

(3)**「南北発展法第二一条」**　①大統領は南北合意書を締結・批准し、統一部長官はこれと関連する大統領の業務を補佐する　②大統領は南北合意書を批准する前に、国務会議(閣議)の審議を経なければならない　③国会は国家や国民に重大な財政的負担を負わせる南北合意書または立法事項に関する南北合意書の締結・批准に対する同意権を持つ　④大統領が既に締結・批准した南北合意書の履行に関し、単純な技術的・手続き的事項だけを定めている南北合意書は南北会談代表又は対北(朝鮮)特別使節の署名のみで発効させることができる。

自由韓国党の洪準杓《ホン・ジュンピョ》代表は四月二七日、板門店宣言に対して「南北首脳会談は金正恩と文政権が合作した南北偽装平和ショーにすぎなかった」「金正恩が読み上げた通りに書き取ったものが南北首脳会談発表文」だと酷評していました。

しかし民間団体である民族和解協力汎国民協議会（民和協）は七月一一日、板門店宣言国会批准促求一〇〇万名汎国民署名運動を始めると宣言し、ほかの市民団体と共に国会を圧迫しています。現在の民和協常任議長は金大中《キム・デジュン》大統領の三男、金弘傑《キム・ホンゴル》氏です。ぜひ南北和解と交流を実現した金大中元大統領の遺志を継いで欲しいと思います。

北朝鮮——経済制裁が解除されないジレンマ

――北朝鮮の最近の反応ですが、開城《ケソン》工業団地の再開が進まないことで韓国を厳しく批判しています（『労働新聞』二〇一八年七月三一日）、国連制裁決議解除が進まないことに焦りを見ます。八月一六日の『労働新聞』でも「板門店宣言履行のための根本立場」の報道で、「外部勢力が制裁圧迫の看板を掲げている」と批判しています。

金　非核化と平和保証を等価交換すると約束したにもかかわらず、具体的な後続協議に入ると、米国が先非核化を要求する立場を示しているため、北朝鮮には不満があると思います。また南北会談が各分野で進展していますが、経済分野では調査・研究次元を超える合意ができないジレンマ状態に置かれています。それを解消するために韓国政府は国連安保理に制限的な制裁解除を求めているのですが、米国は同調していません。

したがって現状では、開城工業団地再開の展望が見えません。私は、朝鮮戦争終戦宣言が鍵だと思います。これは平和協定締結の入口にもなりますが、米国が朝鮮戦争終戦宣言の発表に同意すれば、各分野における南北会談がさらに進展すると思われます。

――韓国の保守陣営は「朝鮮戦争終戦宣言を締結すると後戻りできない」と危機感を表していますね。終戦宣言をすれば、北朝鮮の核保有のまま現状を肯定することになるという危機感です。

金　朝鮮戦争終戦宣言をすれば、北朝鮮の核保有のまま現状を固定するという主張の意味が分かりません。朝鮮戦争終戦宣言は地球上最後の冷戦地域であり朝鮮半島の戦争状態を象徴的な次元で終了させる政治宣下であり、国際法的性格を持つ平和協定締結の入り口に過ぎません。しかも平和協定締結は非核化の最終段階で行われると考えられます。

結局、朝鮮戦争終結終戦宣言に反対する保守勢力は、朝鮮半島の軍事対立状態が続くことを望んでいるのでしょう。なぜなら、政治宣言とはいえ、朝鮮戦争終戦が宣言されると、それを根拠に北朝鮮が駐韓米軍の撤退と国連軍司令部の解体を要求し、さらに韓米合同軍事訓練の中止や北方限界線（NLL）の消滅を主張するのではないかと恐れているからです。

駐韓米軍は韓米相互防衛条約に基づく韓米同盟の問題であり、朝米間の非核化交渉過程で議論される議題ではないというのが韓国政府の公式の立場です。国連軍司令部の解体は平和協定締結によって正式に決定される問題であり、それまでは、軍事停戦委員会、中立国監視委員会などとともに存続します。北方限界線（NLL）については、板門店宣言で一帯の平和水域化実現を協議することが約束されています。

北朝鮮と米国の敵対関係が解消される朝鮮戦争終戦宣言は、平和協定締結議論を開始するという政治的約束になり、朝鮮半島平和体制を実現する最初の一歩といえます。これによって膠着している後続協議を進展させ、非核化を進展させることが望まれます。

「先軍政治」と並行した経済システムの改編へ

――中国との関係は歴史的に深いことは言うまでもないわけですが、中国の改革解放経済を導入するのかどうか。北朝鮮の経済体制は中国のような改革開放経済に移行するのかどうかです。

金　それは断言できません。金正日《キム・ジョンイル》政権時代にも羅津《ラジン》・先峰《ソンボン》地域を自由経済貿易地域に指定し、外資によって開発・管理するプロジェクトが推進されました。そして二〇一一年六月八日には、中国と共同開発する黄金坪《ファングムピョン》経済特区の建設に着工しています。その一方で南北経済協力も進めました。金剛山《クムガンサン》観光事業と開城工業団地事業がそれです。北朝鮮が経済改革と部分的な対外開放に転じるのは、二〇〇〇年に金大中大統領と金正日総書記が南北首脳会談を開催した後からです。この年には朝米共同コミュニケが発表され、クリントン大統領の訪朝までが予定され、北朝鮮にとっては対外環境が画期的に改善された時期です。そして一九九〇年代後半の経済危機状態に回復の兆しが現れて来た時期でもあります。

――ところが多数の餓死者が出る事態になる。これは軍事優先政策（「先軍政治」）によるものであり、当然、私も軍事優先より人民のいのちが優先だろうという批判を持っていました。

金　金正日委員長の時代に北朝鮮は、東欧社会主義国だけではなくソ連までが崩壊して「友軍」を失い、それに自然災害が加わり、餓死者までが生まれる「苦難の行軍」を経験しています。「苦難の行軍」というスローガンは一九九六年一月の新年共同社説で登場し、二〇〇〇年一〇月の党創建五五周年で「苦難の行軍の困難な試練を克服した」と公式に宣言するまで続きました。

先に述べたように、社会主義国の崩壊は、対外経済を社会主義国との交易に依存していた北朝鮮経済を直撃しました。韓国銀行は、この時期の一九九〇年から九八年まで連続して北朝鮮経済がマイナス成長したと推定しています。そのため第三次七か年計画は目標を達成できないまま一九九三年に終わり、失敗を認めたうえで緩衝期を設定したのですが、北朝鮮は緩衝期の目標すら達成できない経済不振状態に陥りました。その結果、北朝鮮の経済規模は縮小し、「苦難の行軍」といわれる経済難が続いたのです。この間は配給が止まり、国の供給システムは事実上崩壊しました。

この体制危機を迎え、金正日委員長が掲げたのが「先軍政治」です。限られた国家資源を軍に優先配分し、経済建設も軍の組織的力量に依存し、人民ではなく軍に依拠し、軍によって人民を統治して体制を守ろうとしたわけです。そのため人民は一層、食糧など深刻な品不足に苦しみ、大量の餓死者や脱北者（難民）が発生するようになりました。一九九三年に七三・二歳だった北朝鮮の平均寿命が一九九九年には六六・八歳になったほどです。(4)

――各地に次々と「闇市場」が生まれるようになったのがこの時期ですね。

金　そうです。闇市場という非公式部門がなければ、人民は食料にアクセスできなかったからです。元々、農民市場といわれる物々交換の小規模な市場が存在していたのですが、この闇市場が扱うもの

（4）前掲『どうなる南北統一Ｑ＆Ａ』解放出版社、二〇〇二年　八五ページ。

は、食料はもちろん、中国製の日用品から機械部品まで広範囲にわたっていました。後に北朝鮮は膨張した闇市場に代わり、条件付きですが、「総合市場」を認め、市場の形態が急激に変わり始めています。北朝鮮国内でも、貨幣によって財物が交換される市場が生まれたのです。現在では、社会主義経済管理体制から離脱した市場取引によって利益を得た富裕層が形成されています。そして「公」の帽子を被った私企業が発生し、国が富裕層の資金や外貨を利用したり、私債（金融業）が発生するような変化も生まれています。

もちろん北朝鮮の経済不振は、社会主義圏の市場崩壊と中国・ロシアの友好価格廃止などの外部要因だけではなく、国家が全てを決定する中央集権的な北朝鮮の経済構造にも起因しています。そのため、北朝鮮にとっては対外環境の改善と共に、経済システムの改革を避けることができなくなっているのです。

北朝鮮が国内経済システムの改編に着手したのは、二〇〇二年に実施された「経済管理の改善措置」（「七・一措置」）からです。これは前年一〇月に金正日委員長が発表した「強盛大国建設の要求にそって社会主義経済管理を改善・強化することについて」という講話に基づいています。この講話で金正日委員長は北朝鮮経済システムの問題を指摘し、これを改革しようと試みました。具体的には、経済分野の権限を内閣に集中して軍や外部の介入を排除、工場や企業の合理的組織化と不採算企業の整理、労働者にインセンティブを与えて賃金の引上げ、計画策定や価格決定などの権限を各経済機関に移譲するなどです。

さらに金正日委員長は二〇〇七年、故金日成《キム・イルソン》主席の生誕一〇〇年を迎える二〇一二年に「強盛大国の門を開く」という目標を掲げたのですが、二〇一一年一二月に死去し、三男の金正恩氏が権力を継承することになったのです。

――金正恩委員長の経済政策の核心はどこにありますか。つまり朝鮮労働党の一党支配、統制経済という社会主義の原則は変わらないわけですから、経済政策は国家の組織がどう改編されるのかということと大きく関係しますよね。

金　金正恩委員長は、父の金正日委員長が定めた先軍時代を終わらせ、経済改革と部分的な開放を受け継ぎながら、北朝鮮を正常な社会主義国家に転換させようとしているようです。先軍政治の時代には、全ての権力が国防委員会に集中し、軍が政治も経済も支配し、国家を支配しました。この時代を終わらせ、正常な社会主義国家に回復することが彼の目標だと思われます。質問された国家組織の改編です。

　金正恩時代になっての経済改革は、まず二〇一四年「五・三〇措置」によって経済管理システムの改革を進めようとしたことから始まりました。「五・三〇措置」の核心は工業・商業などにおける「社会主義企業責任管理制」と農業部門の「農場責任管理制度」です。これまで国家が掌握していた権限の多くを企業所に与えて経営権を拡大させ[5]、国家が定めた国家指標とは別に企業所指標を策定し、それを達成して利益を生めば、増産分が現物か現金で労働者にインセンティブとして与えられる制度の

(5) 北朝鮮を訪問した北京大学の金景一教授は「『五・三〇措置』と呼ばれる新たな措置で、北朝鮮全域のすべての工場と企業、会社、商店などに自律経営権を与えた。生産権、分配権に続き貿易権まで、もともと国家の役割だった権力が下放され、工場や企業の独自的な自主経営権として根付こうとしている。どう見ても、かなり画期的な措置だと言えよう。農村は経営単位が継続して縮小され、生産物に対する自律的な処分権が拡大されてきた。」と伝えている（『ハンギョレ新聞二〇一四年九月二一日』）。

ことです。「農場責任管理制度」も同じです。多くの権限が協同農場に移され、国家に義務納付した後の余剰農産物を交換、販売したり、国家指標とは別に生産した農業生産物を分配したり、価格を決定して市場で販売することができるようになりました。

次に二〇一六年五月に三六年ぶりに開催された第七回朝鮮労働党大会で、金正恩式の経済改革と経済開放が明らかにされました。その内容は、中期経済計画として「五か年計画」を発表、金正恩式経済開放戦略として「経済開発区」を活性化、そして「ウリ」(我々)式経済改革を進めるというものです。

北朝鮮では、一九八七年に第三次七か年計画が発表された後、新たな経済計画は発表されていません。約三〇年ぶりに策定された五か年計画は、二〇一六年からの五年間に人民経済を活性化し、経済部門間のバランスを取り、経済を持続的に発展させるための土台を築くことを目標にしているのですが、その間に全ての企業所の生産を正常化させるとしています。

そして二〇一三年三月の党中央委員会で採択されたのが「経済建設と核武力の併進路線」です。経済・核並進路線は「追加して必要な国防費用を削減し、それを人民経済に配分して経済を発展させる戦略」と説明されています。そのせいか、韓国銀行が二〇一五年五月一七日に発表した二〇一四年の北朝鮮の経済成長率推定結果によると、北朝鮮の実質国内総生産(GDP)は前年比で一・〇%増加しています。同じく韓国銀行発表によれば、北朝鮮経済のGDPを基準にした成長率は、二〇一一年〇・八%、二〇一二年一・三%、二〇一三年一・一%と四年連続してプラス成長しています。

しかし北朝鮮が経済を活性化するためには、国内改革はもちろん、国際社会との協力が必要であり、国連安保理の制裁決議によって国際社会との断絶が続く限り、経済発展を実現することは困難です。

したがって金正恩体制の下では、経済開発区を中国などと運営しながら、「ウリ」（我々）式の経済改革を実現して行くと展望されます。それが中国式の改革開放なのかどうかを現段階で断定することはできません。

ただ金正恩国務委員長は今年に入り、すでに習近平主席と三回も会談しています。今年三月二八日に訪中した時には「北京のシリコンバレー」と呼ばれる中関村に位置する中国科学院を訪れています。その後、五月一四日には朝鮮労働党の市・道党委員長全員が訪中し、二日連続して中国の先端科学技術経済、農業現場を視察しましたが、「朝鮮労働党親善参観団」代表の朴泰成《パク・テソン》党副委員長は習近平主席と会った同月一六日、「中国の経済建設と改革・開放の経験を学びに来た」と話しています。このことから、中国をベンチマーキングしていることは間違いなく、また中国と共に経済開放区を稼働させていくと思われます。

北朝鮮軍部の今後

軍部の改革について

――では、北朝鮮の軍部をどう理解すればいいのか。父の金正日の時代は先軍体制とかのスローガンで政策を進めてきたわけですから、現在の軍部の動向を知ることは重要だと思いますが、どうでしょうか。

金　北朝鮮を評価する時に困るのは、一次資料や情報が限られていることです。それが軍のような権力機関の動向についてなら、なおさらです。したがって北朝鮮の公式報道や発表から多くを推測しなければなりません。

この間、北朝鮮指導部で最も人事異動が激しいのは軍です。金正恩委員長は「先軍政治」時代の軍幹部を交替させています。そして「経済・核並進路線」の終了を宣言したわけですから、その後の人事改編も進めていると推測されます。金正恩委員長はすでに、先軍政治の中心機関だった国防委員会を廃止し、新しく最高統治機関と憲法で明示した国務委員会を設置しています。これが意味しているのは、北朝鮮は、軍が支配する国ではないということです。

北朝鮮の朝鮮中央通信は五月一八日、金正恩委員長の指導の下、党中央軍事委員会第七期第一回拡大会議が開催されたと伝えました。内容は詳しく分かっていませんが、四月の党中央委員会で、核開発と経済建設を同時に進める並進路線の終了が表明され、核実験や大陸間弾道ミサイル（ＩＣＢＭ）の試射中止、北部核実験場の廃棄も決定されたことから、会議では、中央軍事委員会の一部委員や軍幹部の人事異動だけではなく、非核化以降の北朝鮮の国防体制についても議論された可能性がありです。核を開発して核を持つ国防体制から、核を放棄して核のない新しい国防計画が議論されたのではないでしょうか。その過程では、核を奪われるわけですから、軍の抵抗、場合によっては激しい対立も存在したのではないかと推測されます。

――駐韓米軍の削減をトランプ大統領は明言していますが、二〇〇〇年の六・一五会談の過程では金正日委員長は駐韓米軍を認めている。軍事バランスからどう考えますか。

金　北朝鮮の公式の主張は、朝鮮半島から外国軍隊は出ていくべきだというものです。金日成主席時代も、金正日時代もそうです。現在の金正恩時代になってからも、駐韓米軍は撤退すべきだというのが公式の立場です。しかし現実的には、金大中大統領と金正日委員長の会談で、金委員長が駐韓米軍の存在を認めたことが広く知られています。東アジアの安定のための抑止力として駐韓米軍の役割を認めたからです。具体的には中国に対する抑止力でしょう。金正恩委員長も南北首脳会談開催について協議する過程で、韓国が北朝鮮に送った政府特使団に次のことを伝え、我々を驚かせました。それは、将来の調節を前提にしながらも、例年規模での韓米合同軍事演習に反対しないという発言です。

韓国で駐韓米軍は北朝鮮の「南侵」を防ぐ抑止力と見做されて来ました。文在寅政府の公式の立場も、駐韓米軍は韓米相互防衛条約に基づく韓米同盟の問題であり、朝米間の非核化交渉の過程で議論される議題ではないというものです。しかし私は、朝鮮半島の非核化が実現して冷戦構造が解消されていくなら、韓米同盟の目的についても検討されるだろうと思います。その中で駐韓米軍の規模と存在についても議論される時期が間違いなく来ると思っています。

しかし日本の中国脅威論者は、駐韓米軍の撤退を「悪夢」と考えているようです。したがって、私は東アジアの軍事バランスから駐韓米軍の規模と存在を議論する限り、駐韓米軍は継続して必要だという結論から逃れることはできないと思います。中国に対する抑止論のためです。第二章でも述べたように、北東アジアの多国間平和安保協力体制の構築と並行して議論して行かなければならないでしょう。つまり朝鮮半島の冷戦解体だけでなく、それを東アジアの平和体制実現に発展させ、その中で駐韓米軍だけでなく、沖縄など駐日米軍の存在についても議論して行くべきではないでしょうか。

北朝鮮は核保有国にとどまるのではないか

――北朝鮮は朝鮮戦争終戦協定を早くと要求するのに対して、米国は非核化が先だと対立が解けないでいます。この対立がクローズアップされて、北朝鮮は核保有国として認定されることが狙いではないか、との説も出るほどです。この対立は解消されて前進するのでしょうか。

金　繰り返しになりますが、朝米共同声明で金正恩委員長とトランプ大統領は「朝鮮半島の完全な非核化」と「北朝鮮の体制に対する安全保証」を等価交換すると公式化しました。先非核化でも、一方的な非核化でもありません。またその実現過程を考えると、北朝鮮の主張であれ、誰の主張であれ、現実的には「段階的・同時行動」の原則で進めて行くしかありません。

核実験場の爆破やミサイルエンジン実験場の解体、米軍遺骨の返還など北朝鮮が取っている先行・信頼措置に米国が答えなければならないと思います。それは朝鮮戦争終戦宣言の発表です。それによって現在の朝米間交渉が梗塞している状態に勢いを加えなければなりません。

「非核化」と「北朝鮮の体制保証」の等価交換を公式化したと前述しましたが、厳密に比較すると、等価交換と言えるか疑問の余地があります。なぜなら北朝鮮の「非核化」は、兵器や施設、そして原料の物理的破棄であり、破棄すれば回復できなかったり時間を要したりするのに比べ、米国による「北朝鮮体制の保証」は朝鮮戦争終戦宣言であり、平和協定の締結そして国交正常化です。しかしこれらは、トランプ大統領がイラン核合意を破棄したように、極端に言えば、いつでも破棄できるペーパー上の約束にすぎません。なぜ朝鮮戦争終戦宣言が米国の負担になるのでしょうか。

また北朝鮮もいずれは、本格的な非核化の初期措置である核申告をしなければなりません。核施設の申告が、米国に攻撃対象地点のリストを提供することになると恐れている北朝鮮も、朝鮮戦争終戦が宣言されることになれば、核申告を準備するでしょう。

北朝鮮を二〇一八年九月五日に訪問した第二次特使団は、核計画の申告を三段階に分け、それぞれの段階で安全保証措置を提供する方策を北朝鮮側に提案したと伝えられています。(6) それによれば、第一段階で北朝鮮が全ての核関連施設のリストを提出し、それに合わせて朝鮮戦争終戦を宣言。また第二段階としては核物質に関するリストを提出し、第三段階として核弾頭全量を公開すれば、米朝連絡事務所の設置、制裁の緩和、平和協定締結に向けた協議をスタートするというものです。

完全な非核化への道――新しい六者協議

――ところで、既に六者協議の二〇〇五年の規定があるわけですから、これを踏襲すべきだと思いますが、どうでしょうか。

金　私は、朝鮮半島の完全な非核化と恒久的な平和体制を実現するうえで、周辺国の協力が必要だと思います。朝鮮半島周辺国も互いに対立しているからです。そのためには朝鮮半島平和プロセスに南・北・米だけではなく、中国、日本、ロシアも加わるべきだと思います。

ただ過去と同じ六者協議を復活させようということではありません。すでに南と北、そして米国の最高指導者が六者協議の合意事項を含む共同声明に署名しています。

(6)『国民日報』二〇一八年九月八日。

今後、六者協議が必要とされるなら、その時には目的と役割が変わらなければならないと思います。六者協議は東アジアの非核地帯化条約や、東アジアの多者平和安保協力体制の構築を協議する新しい性格に生まれ変わるべきです。そういう六者協議の新しい役割に期待したいと思います。

日本の北朝鮮政策は変らざるをえない

安倍晋三首相の政策に変化が

――日本の北朝鮮政策です。朝鮮半島での変化に日本はどのような判断を持っていたのでしょうか。

金　安倍晋三首相は、この間の朝鮮半島大転換を前にして当惑しているのではないでしょうか。日本政府の姿勢は、昨年一一月に東京で開催された米日首脳会談後に安倍首相が行った記者会見に現れています。安倍首相は「日本は、全ての選択肢がテーブルの上にあるとのトランプ大統領の立場を一貫して支持します。改めて日米が百パーセント共にあることを力強く確認しました」と発言し、米国と共に北朝鮮に対して最大の圧力をかける考えを示しました。

しかし日本政府は平昌《ピョンチャン》冬季オリンピックを契機にした南北対話の展望と文在寅大統領の戦略を読み誤っていたようです。平昌冬季オリンピック開会式に出席した安倍首相は文在寅大統領と会談し、「対話のための対話には意味がない」「北朝鮮の微笑外交に目を奪われてはならない」と発言し、河野太郎外務大臣もそれを繰り返しました。ところが、その裏で韓国と米国は、中断されたとはいえ、金与正《キム・ヨジョン》党第一副部長とペンス米副大統領の会談を準備していたのです。

その後の日本政府の姿勢は迷走しています。トランプ大統領が朝米首脳会談中止を発表した直後の五月二五日、安倍首相は訪問したサンクトペテルブルクで「トランプ大統領の判断を支持する」と明らかにしたのですが、朝米会談が予定通りに開催されることになるや、わずか三日後の五月二八日、参議院予算委員会で「米朝首脳会談の実現を強く期待する」と発言し、臆面もなく前言を翻す姿勢を示したのです。まるでトランプ大統領から梯子を外されたかのような格好です。

安倍首相は現在、大勢に従おうとしているのではないでしょうか。朝米関係が正常化されると、日本も朝日関係を正常化しなければなりません。だからと言って拉致問題をなかったことにはできません。安倍首相は四月二二日、拉致被害者家族会などが東京で開催した国民大集会で、「南北そして米朝首脳会談の際、拉致問題が前進するよう私が司令塔となって全力で取り組んでいく」との決意を明らかにしました。さらに五月一日、訪問先のヨルダンで「我が国は、日朝平壌宣言に基づいて、拉致、核、ミサイルの諸懸案を包括的に解決し、北朝鮮との間で、その不幸な過去を清算し、国交を正常化する、この一貫した方針の下で取り組んでまいります」と述べ、朝日関係正常化の考えを明らかにしました。これは朝日首脳会談を開催する意思を示したと解釈できます。すでに日本は水面下で北朝鮮と協議していることでしょう。

私は、日本が北朝鮮と国交を正常化させ、朝鮮半島平和プロセスに積極参加すべきだと思います。それは、朝鮮半島平和プロセスをより確実にするため必要なのはもちろん、米日同盟が日本の平和憲法の上に存在すると指摘されるほどに拡大し続けている日本の軍備増強路線を転換させるためにも必要だからです。それに日本が過去、朝鮮を植民地支配した歴史を考えれば、南北の和解と朝鮮半島の平和体制確立に、どの国よりも積極的になるべきではないでしょうか。

　また日本が米国と共に北朝鮮と国交正常化することには、周辺国の対立を解消して朝鮮半島の冷静構造を解体するうえでも大きな意味があります。それはクロス承認を実現することと関連します。一九七〇年代に朝鮮半島で南北対話が一時的に進展した時、米国を中心に南北クロス承認案が台頭しました。それは米国と日本が敵対する北朝鮮を、中国とソ連が同じように韓国を国家承認することで朝鮮半島の安定を図ることに目的がありました。

　その結果、一九九〇年に旧ソ連が韓国と国交を正常化し、一九九二年に中国も国交正常化しました。しかし米国と日本は北朝鮮との国交正常化をしなかったため、もちろん日本でも一九九〇年九月の金丸訪朝団のように朝日国交正常化を求める動きがあり、政府間交渉も行われましたが、結果的に北朝鮮の同盟国だった中・ソだけが韓国と国交正常化し、北朝鮮と米国・日本の対立関係は続くようになったのです。

　クロス承認ではなく、中・ソと韓国だけの片肺的な国交正常化のために北朝鮮は一層孤立し、それが核開発計画の誘因になったことは否定できません。したがってこの際、日本が米国と共に北朝鮮と国交を正常化させ、クロス承認を実現しなければならないと思います。そうすれば朝鮮半島での周辺国の対立は解消されます。自ら突破口を作ることの少ない日本外交ですが、一九七二年のニクソン訪中後には、米国に先駆けて中国と国交正常化させた前例もあります。

拉致問題の解決をどうするか

——拉致問題をどう解決していくのか。これは日本の優先課題です。

金 日本には難しい問題があります。拉致問題以降に悪化した北朝鮮に対する日本社会の不信感です。それに加え、拉致問題解決のための政府原則が逆に日本の対北朝鮮外交を縛っている問題があります。北朝鮮は二〇〇二年九月の朝日首脳会談で「生存者四名、死亡八名、一名（久米裕さん）は北朝鮮に入国した事実がない。そして日本が調査依頼していない一名（曽我ひとみさん）の生存を確認」と明らかにしましたが、日本政府は、①拉致認定被害者全員の安全確保と帰国実現 ②拉致に関する真相究明 ③拉致実行犯の引渡しを拉致問題解決の原則として北朝鮮に求めています。その後、拉致被害者として追加認定した三名を加え、帰国した五名を除く拉致被害者一二名全員の帰国を求めて譲らない立場です。

このように北朝鮮が死亡したと発表した八名に対し、日本政府は生存していると主張しているため、拉致問題をめぐる朝日政府間交渉は一歩も前進しない状態に陥っています。その後、二〇〇八年に中国で開催された朝日実務者協議で、北朝鮮が「拉致問題は解決済み」との従来の立場を変更し、再調査の実施を約束しましたが、残念なことに福田首相の辞任によって履行されませんでした。

このような拉致問題をめぐる膠着状態を前進させたのが二〇一四年「ストックホルム合意」[7]です。拉致被害者だけではなく、日本人の遺骨及び墓、そして残留日本人、日本人妻、行方不明者など調査対象は広範囲に及び、「調査は一部の調査のみを優先するのではなく、全ての分野について同時並行的に行う」とされました。

続いて北朝鮮が二〇一四年七月四日、国家安全保衛部の徐大河《ソ・デハ》副部長が委員長の特別調査委員会発足と全ての日本人に関する調査の開始を発表したことから、日本政府は北朝鮮に対する制裁を解除。その後、同年一〇月には平壌で、特別調査委員会と日本外務省との直接協議が行われました。

ところが目標とされた一年が過ぎても調査結果は発表されず、二〇一六年一月に北朝鮮が四回目の核実験を実施し、二月に弾道ミサイル発射実験を行なったことに、二〇一六年二月一〇日に日本政府が再び独自制裁を発表。北朝鮮は二月一二日、朝鮮中央通信を通して特別調査委員会の談話を発表し、①拉致被害者を含む日本人の調査を全面的に中止し、②調査を担当していた「特別調査委員会」を解体すると明らかにしたのです。そして「彼ら（日本）自らがストックホルム合意の破棄を公言したものとなる」と通告しました。しかし日本政府の立場は「平壌宣言もストックホルム合意も有効」という立場です。

では、「ストックホルム合意」は破棄されたのでしょうか。北朝鮮は特別調査委員会の談話で「（日本が）ストックホルム合意の破棄を公言したものとなる」と通告しているものの、自ら破棄したとは言明していません。北朝鮮の宋日昊《ソン・イルホ》日朝国交正常化担当大使も、「日本側が一方的に反故にしたのに、誰が拉致被害者の再調査をするのか。水はすべてこぼれて地面にしみ込み、それは元に戻らない」と日本のメディアを対象にした二〇〇七年四月一七日の記者会見で話しています。さらに最近、「南北首脳会談後の日朝間の水面下接触で、北朝鮮は破棄していないと日本政府が確認していた」[(8)]と報道されました。したがってストックホルム合意は存続していると解釈できます。状況変化によっては再び挙論されるかも知れません。

さらに今年三月一七日、驚くべき事実が知らされました。「北朝鮮が二〇一四年に、日本政府が拉致被害者と認定している田中実さん（失踪当時二八歳）が入国していたと日本側に伝えていた[9]」という報道です。北朝鮮はそれまで田中さんについて「入国を確認できない」としていましたが、「本人は平壌で家族と共に生活しており、現地に残る意向だ」と日本政府に伝えていたというのです。さらに九日後の三月二五日、田中実さんの友人で、同じ神戸市内の養護施設で育った特定失踪者の金田龍光さんについても、北朝鮮が入国を認めていたと報道されました。これらの報道が事実なら、日本政府は四年間、それを隠していたということになります。北朝鮮が「死亡」と発表している八名の拉致被害者が生存しているという調査報告以外は受け取らず、それ以外は公表しないということなのでしょうか。

朝鮮半島の大転換状況を前にしながら、日本政府が北朝鮮と首脳会談を開催しようとしても、「拉致問題の解決なくして北朝鮮との国交正常化はあり得ません[10]」という拉致問題入口論に加え、「死亡」とされた八名を含む拉致認定被害者全員の帰国要求によって、逆に身動きできなくなっています。こ

(7) **「ストックホルム合意」** 二〇一四年五月二六日から二八日までスウェーデン・ストックホルムで朝日政府間協議が行われ、両政府が合意した。①北朝鮮は、一九四五年前後に北朝鮮域内で死亡した日本人の遺骨及び墓地、残留日本人、いわゆる日本人配偶者、拉致被害者及び行方不明者を含む全ての日本人に関する調査を包括的かつ全面的に実施し、②特別の権限が付与された特別調査委員会を立ち上げ、③日本は、人的往来の規制措置、送金報告及び携帯輸出届出の金額（一〇万円超で届け出が必要）規制措置、及び人道目的の北朝鮮籍の船舶の日本への入港禁止措置など日本の独自制裁措置（国連安保理決議に関連して取っている措置は含まれない）を解除する−という内容だ。

(8)「共同通信」二〇一八年五月二一日

(9)「共同通信」二〇一八年三月一七日

(10) 拉致問題対策本部Ｈ・Ｐ

のままだと、日本はますます朝鮮半島平和プロセスから取り残され、日本パッシング（外し）になりかねません。もう一つの智慧が必要でしょう。

――拉致問題の解決をどう進展させるか。金正恩委員長は拉致問題で話し合う用意があると発言したと伝えられています。八月四日のシンガポールでの東南アジア諸国連合（ＡＳＩＡＮ）や日米中ロ韓北朝鮮が参加したＡＳＩＡＮ地域フォーラムでは、日朝外相の接触がありましたが、進展は見られなかった。

金　日本では北朝鮮バッシングがあふれています。二〇〇〇年と二〇〇四年の二度、小泉純一郎首相（当時）が平壌を訪問して金正日委員長と会談し、日本人拉致被害者五人の帰国を実現させたのですが、「八名死亡」という発表は日本社会に衝撃を与え、北朝鮮を非難する世論が激しくなりました。そしてメディアの北朝鮮批判で日本社会が埋めつくされ、北朝鮮バッシング以外には北朝鮮情勢にアクセスすることすら難しくなっています。

このような難題がありながらも、私は、日本が北朝鮮と国交を正常化させ、朝鮮半島平和プロセスに積極参加すべきだという考えを強く持っています。しかしそのためには、北朝鮮と日本の対話のドアが開かなければなりません。日本の一部には、北朝鮮は日本の金を目当てに、必ず日本に対話を求めて来るというような、相手を見下した主張があります。だが、北朝鮮が日本に対して植民地支配に対する責任を問い、賠償を求めるのは正当な要求であり、それは二〇〇二年朝日平壌宣言でも確認されていることです。

現在の問題は、「拉致問題入口論」により、そして日本政府が自ら定めた解決原則に縛られ、日本政府が朝鮮半島平和プロセスから取り残され、日本パッシング（外し）になりかねない状況に置かれようとしていることです。

河野洋平元衆議院議長は「国交も正常化されていない。植民地問題の処理もできていない国に対し、『返せ、返せ』とだけ言っても、なかなか解決しない」[11]と述べ、国交正常化交渉を優先すべきだとの考えを示しました。対話のドアが開かなければ拉致問題も協議できないわけですから、安倍首相も「そういう発言は交渉力をそぐ」という姿勢ではなく、耳を傾ける必要があるのではないでしょうか。まず朝日国交正常化交渉を開始し、その過程で拉致問題を協議する姿勢に転じ、情緒次元や政権浮揚次元ではなく、現実的に解決できる知恵を、国際的事例も参考にしながら発揮すべきでしょう。

――日本は唯一の戦争被爆国です。ヒロシマ、ナガサキ[12]の人たちの思いをバックにして平和的プロセスに邁進すべきではないでしょうか。核開発に邁進した国は戦争の渦中にしろ準備にしろ個人の人権がないがしろにされた全体国家であったこと、つまり核開発と全体主義（**資料編用語解説参照**）の関係は、民衆にとんでもない痛苦を与え続けたことに深い反省を要求されるのではないでしょうか。

金 そのような思いとともに、日本は、韓国とはもちろん、中国とも朝鮮半島平和プロセスの進展に

(11)『神奈川新聞』二〇一八年六月一三日

(12)**ヒロシマ、ナガサキ** 広島がヒロシマと初めて表記されたのは、四六年に作家峠三吉が都市計画構想を市民から募集した懸賞論文に寄せた「一九六五年のヒロシマ」と名付けたことからだ。日米間の草の根交流で広島の現状を伝えた被爆者谷本清が米国人との交流でヒロシマと表記。六九年の山田節男市長が平和宣言でヒロシマをもちいた。本書では広島、長崎も、ヒロシマ、ナガサキと表わす。ヒロシマの誕生について川野徳幸は「諸外国に『ヒロシマ』の惨状が伝わり、『ヒロシマ』に対する支援が広まり、そして平和運動を行う人々が現われてくる。諸外国からの支援やそれに連呼した形で平和運動が展開されます。その運動の中で、『ヒロシマ』という用語が誕生したのだろうと考えられます」とのべている。

協力すべきだと思います。韓国、日本、中国は一〇年前から、韓中日首脳会談を開催して来ました。中断期間もありましたが、今年（二〇一八年）五月九日には、第七回韓中日首脳会談が東京で開催されています。このような次元でも、東アジアの平和体制について議論を重ね、朝鮮半島平和プロセスの現実化を促進して行くべきだと思います。

在日朝鮮人問題について

法的地位は改善されるのか

――法的地位の問題です。今回の南北首脳会談、米朝シンガポール会談以降、在日朝鮮人の法的地位が改善されるのではないかと期待します。在日朝鮮人が排除されてきたことや、朝鮮高校の無償化が排除されるという人権侵害が公然と日本社会では続いています。今後変わって行くのかどうか。

金　朝日国交正常化交渉が始まり、南北の交流と協力に実体が生まれて行けば、在日コリアンの法的地位や民族的諸権利に変化が生まれると思います。

朝日国交正常化交渉が始まれば、在日朝鮮人の法的地位、具体的には「朝鮮籍」同胞の日本における法的地位が議論されるはずです。現在、「朝鮮籍」同胞は無国籍者とされているのですが、国交が正常化すれば、「朝鮮民主主義人民共和国」の国籍が認められて日本で生活でき、「朝鮮民主主義人民共和国」発給の旅券で日本を出入国することができるようになります。ただ少数ですが、「朝鮮籍」が統一朝鮮を象徴するという理由で、そのまま保持し続ける同胞が残る可能性はあります。また朝日関係を改善していけば、日本の敵視政策も解消されて行きます。そうなれば朝鮮学校に対する日本政府の政策も変わらざるを得ないでしょう。

朝日首脳会談が実現し、国交正常化が行われれば、当然、過去の植民地支配の清算が行われます。北朝鮮と日本が国交正常化のための条約を締結する時、過去植民地支配の責任がどのように明記されるのかにもよりますが、私は一九六五年に締結された韓日条約との間に矛盾が生まれるだろうと見ています。なぜなら一九六五年韓日条約には、過去の反省が全くないからです。

日本政府は一貫して、慰安婦被害者や徴用労働者に対する戦後補償も、韓日条約と共に締結された「韓日請求権協定」によって全て解決済みだという態度です。無償・有償合わせて五億ドルを供与したので、それで解決済みだと言うのですが、私は少し違う角度から、この韓日請求権協定の問題を指摘したいと思います。韓日請求権協定の最大の問題は、過去の植民地支配に対する賠償ではなく、「両国間の経済協力増進」が目的であり、植民地支配終結によって発生する請求権問題を五億ドルの経済協力で「完全かつ最終的に解決されたことを確認する」点にあるのですが、この五億ドルが現金供与ではなく、「日本国の生産物及び日本人の役務」によって供与されたことはあまり知られていません。[13]この意味は、五億ドル分の日本の機械やプラント、商品、技術などが供与されたということであり、日本企業の立場から見れば、五億ドル分の機械やプラント、商品、技術などを、請求権資金を媒介にして韓国に輸出することができ、その代価を日本政府から受取ったことになります。そして供与され

⒀ 財産及び請求権に関する問題の解決並びに経済協力に関する日本国と大韓民国との間の協定第一条一「日本国の生産物及び日本人の役務を、この協定の効力発生の日から十年の期間にわたって無償で供与するものとする」

た機械やプラントは、対日貿易赤字の発生とその構造化の呼び水となったのです。これが無償・有償五億ドルの実態です。韓日国交正常化五〇年の間、韓国の累積対日貿易赤字は五一八四億ドルに達しているることをご存知でしょうか。[14]

――南北間の交流と協力が進めば在日朝鮮人の状況に変化が生まれるのか、期待できるのか、ですが。

金　南北の交流と協力が実体化して行けば、海外同胞に対しても南北両政府は協力して支援策を講じるようになるでしょう。二〇〇七年「一〇・四南北共同宣言」第八項は、「南と北は国際舞台で民族の利益と海外同胞の権利と利益のための協力を強化していくことにした」と約束しています。板門店宣言では「過去、南北間で交わされた全ての宣言と声明を継承する」となっています。現在、南北間では各分野別に協議が行われていますが、いずれは海外同胞問題を南北が協議する機構が設置されるかも知れません。私はそれを強く望んでいます。

このようにして南北が海外同胞の「権利と利益のための協力を強化」して行けば、例えば、在日コリアンの民族教育に対する支援は飛躍的に拡大されるでしょう。

難関を乗り越える

朝鮮半島の完全な非核化と平和に向かう

――最後になりますが、二つの会談、宣言の歴史的意義は言うまでもないのですが、ポスト朝鮮戦争終戦の周辺国の干渉というか、激烈な競走があるわけですね。朝鮮半島をめぐる覇権や利権を求める動きと南北両国の動きをどう考えればいいのでしょうか。

金　私は板門店宣言と朝米シンガポール共同声明が実現されることに強い期待を持っていますが、不安がないわけではありません。特に朝米シンガポール共同声明の現実化についてはそうです。

両国最高指導者の合意であり、両国それぞれが履行を必要としているため、容易に合意が壊れるわけではありません。しかし米国議会やメディアは北朝鮮に強い不信感を持っており、しかも朝鮮半島の恒久的な平和体制構築や朝米国交正常化に反対する既得権勢力がトランプ政権の内にも外にも存在しています。特に米国の外交政策の特徴は大国主義的な力による解決です。そのため北朝鮮に一方的な屈服を求めたり、体制崩壊を企図する挑発がなくなるわけではありません。

しかし七〇年近く続いて来た朝鮮半島の冷戦対立が崩壊する絶好の機会が訪れました。不信と対立の南北関係を憂慮し、南北の和解と統一を実現しようと、今までにどれだけの人々が投獄され、傷つき、斃れたことでしょうか。そして南北対立が持続することによって朝鮮半島の民族資産がどれだけ失われたことでしょうか。文在寅大統領が難関を乗り越えて情勢を打開し、北朝鮮の非核化が可能であることを示し、朝鮮半島の平和が安保次元だけではなく、経済次元でもプラスになる未来を提示しなければならないと思います。

世界最大の軍事大国であり経済大国である米国と、東アジアの小国である北朝鮮の対立が続けば、北朝鮮の負担は大きくなるばかりでしょう。さらに米国はいつでも先制的な軍事攻撃を加えることができる優位な立場です。これに対する北朝鮮の報復攻撃は限られています。しかし、その場合でも南

⒁『中央日報』二〇一五年六月一五日

側と米軍に甚大な被害が予想されます。現在は、このような恐ろしいほどの被害予想が、かろうじて「熱戦」を抑止しているだけの状態です。したがって、この不安定な状態を安定的に制度化しなければなりません。それが板門店宣言と朝米シンガポール共同声明が目標にする朝鮮半島の恒久的な平和体制確立です。

米国も、自国の要求を突き付けるだけではなく、小国である北朝鮮の言い分にも耳を貸す姿勢が必要です。過去の一九九四年ジュネーブ合意や二〇〇〇年朝米共同コミュニケ、そして二〇〇五年九・一九合意の実現がそれを示しています。

そして南北が第三次平壌《ピョンヤン》首脳会談を契機にしてより連携を強め、一日も早い朝鮮半島の非核化と平和体制確立が実現されるよう望んでやみません。

もし非核化に失敗すれば、北朝鮮は核保有国として存続することになります。しかし、体制の存続問題も浮上します。そして朝鮮半島の軍事危機と戦争の恐怖は日常化することになります。ぜひとも板門店宣言と朝米共同声明を履行させ、「完全で検証可能な非核化」によって、「完全で検証可能な朝鮮半島の平和」を実現したいと思います。

最後に未来の夢を見ましょう。今年のアジア大会はインドネシアのジャカルタで開催されました。そして現在は二〇二六年アジア大会の名古屋開催まで決定しています。その次（二〇三〇年）のアジア大会は南北が共催し、ソウルと平城で開催しましょう。日本など周辺国が積極協力し、非核化が実現した平和な朝鮮半島で南北共催アジア大会が開催されれば、どれほど素晴らしいことでしょうか。

資料編

用語解説

憲法第一条（13ページ）　第一項に「大韓民国は民主共和国である」とあり、第二項は「大韓民国の主権は国民にあり、すべての権力は国民から発する」と書かれている。また一九八七年一〇月二九日に改正された前文には以下のように記されている。「悠久なる歴史と伝統に輝くわが大韓民国は三・一運動により建国された大韓民国臨時政府の法統と不義に抗した四・一九民主理念を継承して、祖国の民主改革と平和統一の使命に立って正義・人道と同胞愛により民衆の団結を強固にし、すべての社会的弊害と不義を打破して、自立と調和を基にして自由民主的基本秩序をいっそう確固たるものとして、政治、経済、社会及び文化のすべての領域において各人の機会を均等にし、能力の最高度に発達させるとともに、自由と権利に伴う責任と業務を完遂させ、内では国民生活の均等なる向上を期し、外においては恒久的な世界平和と人類共栄に貢献することによって。我々と我々の子孫の安全と自由、幸福を永遠に確保することを誓いながら一九四八年七月一二日に制定され八次にわたって改正された憲法をここに国会の決議をへて、国民投票により改正する。一九八七年一〇月二九日」

ベルリン宣言（35ページ）　文在寅大統領は昨年七月六日、ドイツのケルバー財団の招きでベルリンを訪れ朝鮮半島の冷戦構造解体と南北関係の統一などをテーマとした演説を行った。これをベルリン宣言という。金大中大統領の「ベルリン宣言」が既にあることから、区別して「ニューベルリン宣言」とも呼ばれる。ここで示されたのがベルリン構想だ。金大統領は太陽政策を続けたことで南北間対話が熟した二〇〇〇年三月に行い、第一回の南北首脳会談に結びついた。文大統領は北朝鮮との関係は金大中とは大きく異なった。北朝鮮の核とミサイル挑発の渦中であり米朝間の緊張が高まる中で行われた。ベルリン構想発表前に北朝鮮がＩＣＢＭ（大陸間弾道ミサイル）「火星一四」号を発射したことから、草稿に新たに「より深い遺憾を感じざるを得ない」という表現を書き加えた。加えられた文言は、「二日前のミサイルによる挑発は大変失望的であり、大きく間違った選択だ」とする箇所で、「完全かつ検証可能で、不可逆的な朝鮮半島の非核化は国際社会の一致した要求であり朝鮮半島の平和のための絶対条件です。朝鮮半島の非核化のための決断だけが北朝鮮の安全を保障する道だ」（コリアン・ポリティクス(The Korean Politics) (https://www.thekoreanpolitics.com)とした。板門店宣言、米朝シンガポール会談の最も基本的な「完全かつ検証可能で不可逆的な朝鮮半島の非核化」はベルリン構想の核心でもある。日本は「対話のための対話に意味がない」、「トランプ大統領の（圧力）政策に全面的に支持する」と言明してきた安倍晋三首相との違いがあまりにも鮮明だ。

　文大統領のベルリン構想は「朝鮮半島の平和のための政策方向」と「北朝鮮に関わる実践事項に分けられる。まず「朝鮮半島の平和ための政策方向」から述べると、五つの主張がある。

　一つは「私たちが追求するのは、ひとえに平和」として、「平和な朝鮮半島は、核と戦争の脅威がない、南と北が互いを認め、尊重しともによく暮らす朝鮮半島」であり、「(平和な朝鮮半島の道は）六・一五共同宣言と一〇・四首脳宣言に立ち返ることだ」とした。文大統領が示した六・一五共同宣言と一〇・四首脳宣言は、北朝鮮との対立政策を鮮明にしてきた李明博、朴槿恵政権に対して履行を強調してきたものだ。

二つは、「北朝鮮体制の安全を保障する朝鮮半島の非核化を追求する」ことをあげた。「根本的な解決は北朝鮮の核問題の根源的な解決だが、北朝鮮の核問題は過去よりもはるかに高度化し、難しくなった。段階的かつ包括的な接近が必要だ」とした。「北朝鮮の核の完全な廃棄と平和体制の構築、北朝鮮の安保・経済的な憂慮の解消、米朝関係および日朝関係の改善など朝鮮半島と東北アジアの懸案を包括的に解決していく」とした。『ハンギョレ』は文在寅大統領のベルリン構想について、「『核凍結』を入口とし、『核廃棄』を出口とする二段階解決策は、これまで数回強調したことだ」と解説している。本書では米朝交渉の「出口」と「入口」の違いが対立点であることを指摘したが、文大統領のベルリン宣言で「段階的かつ包括的な接近」に込められていた。

三つは、「恒久的な平和体制構築」と「平和の制度化」を強調した。「終戦と共に関連国が参加する朝鮮半島の平和協定を締結」を求め、「北朝鮮の核問題と平和体制に対する包括的なアプローチで、完全な非核化ともに平和協定の締結を推進する」とした。

四つは、文大統領が二〇一五年八月に政策ビジョンとして示した「朝鮮半島の新経済構想」が打ち出している（『ハンギョレ』）。「北朝鮮の核問題が進展し適切な条件が造成されるならば、朝鮮半島の経済地図を新たに描く」「軍事境界線で断絶した南北を経済ベルトで新たに繋ぎ、南北がともに繁栄する経済共同体を実現するだろう」とした。

五つは、「非政治的な交流協力事業は、政治・軍事的状況と分離し、一貫性を持って推進する」ことを明らかにし、「民間交流の拡大は行き詰った南北関係を解決する大切な力」として、『ハンギョレ』は非核化、平和体制、朝鮮半島の新経済に続く北朝鮮構想実現の第一歩としている。

次いでベルリン構想のもう一つの柱である「北朝鮮に関わる実践事項」は、以下の四点だ。文大統領は、①一〇月四日の秋夕（チュソク）時に離散家族の再会、故郷訪問、墓参りの提案②平昌オリンピックに北朝鮮が参加し「平和オリンピック」にする③七月二七日の休戦協定を迎えた軍事境界線での敵対行為を互いに中断する④朝鮮半島の平和と南北協力のための議論をする南北首脳間の対話を再開する―という北朝鮮に関わる実践事項を提案した。以上は、コリアン・ポリテックスと『ハンギョレ』（日本語版）と韓国政府のホームページの原文を参照にした。（波佐場清元朝日新聞ソウル支局長はウエブページで「コリア閑話」を連載しており、丁世鉉元統一相が「冷戦解体、後戻りはない」のテーマで八月一日大阪で講演した内容も参照になる。文大統領のベルリン宣言や板門店宣言、米朝シンガポール共同声明に触れた内容について詳しく報じている（hasabang.blogspot.com)。）

南北基本合意書（41ページ） 第五回南北高位級会談で採択し、一九九二年二月一九日の第六回首相会談で発効した。南北間の関係を「統一を志向する過程で暫定的に形成される特殊関係」と規定、南北の国家性を認めた。またこの合意に基づく核兵器協議で、一九九一年一二月三一日には、核兵器の実験・製造・生産など行わず核エネルギーの平和利用に限定した非核化共同宣言が南北間で署名され、第六回首相会談で発効した。南北基本合意書に至るまでには、一九八八年七月七日に「民族自尊と反映のための大統領特別宣言」（七・七宣言）を発表し北朝鮮に敵対関係の清算を呼びかけた。①南北和解②南北不可侵③南北交流―などが主な内容だが、九〇年から始まった南北高位級会談（一九九二年まで八回に及ぶ）、一九九一年の国連の南北同時加盟という流れがある。一九九二年九月に詳細な付属合意書が採択されたが、北朝鮮がNPT脱退宣言を行い、アメリカとの交渉に傾いて行ったことから南北対話は挫折するに至った。

五・一八光州民主化運動（45ページ）　朴正煕大統領暗殺後に訪れた一九八〇年は「ソウルの春」と呼ばれ民主化運動は、全斗煥陸軍少将が一九七九年の一二・一二軍事クーデターから一五か月間、世界最長を要したといわれる軍事クーデターで政権についたことで後退したが、民主化の流れは止むことなく続き、五月一四日、全羅南道庁舎前での学生の抗議集会にデモが連続した。全斗煥保安軍司令官は五月一七日二四時に非常戒厳令を全国に拡大・発令し、金大中、金鐘泌を連行したが、学生たちは一八日に金大中釈放を叫ぶデモを行ない、全南大学の正門で学生と戒厳軍が衝突した。抵抗は学生にとどまらず光州市民が積極的に抵抗した。二一日には鎮圧部隊である空挺部隊が市民に向けて発砲し、光州に通じる道路を封鎖して市民らの孤立化をはかった。これに対して市民は反撃を開始、「市民軍」を結成し戒厳軍の拠点・全羅南道庁舎を奪還することで、「市民軍」の光州自治が実現したが、駐留米軍が韓国軍四個大隊の投入を認めたことで戒厳軍は二七日、市民らを虐殺して鎮圧した。光州市に投入された総兵力数は二万五千人とも言われている。事件の犠牲者は公式発表では官民あわせて死者一九一人、重軽傷者八五二人とされているが、死者だけで二〇〇〇人を超えたとの説もある。

　光州事件では、「銃を持った狼藉者」と民主化運動を揶揄、非難する言論が横行した。「新軍部の銃剣に、そして二度目は言論のペンにより虐殺された」（孫錫春『言論改革』みずのわ出版）との論評があるように、犠牲者、人々の抵抗運動は「内乱」の烙印が押され、名誉回復する動きは軍事政権である全斗煥・盧泰愚政権が続いた中では難しかった。一九九三年に文民政権・金泳三政権は、「歴史の立て直し」を課題として掲げ、一九九五年一二月二四日に金泳三大統領が光州事件特別立法制定の指示により法律（五・一八特別法）制定が動きだし、一二月一九日に光州事件関係者を処罰するための「五・一八民主化運動などに関する特別法」と、その根拠となる二つの法律を制定した。この法律により全斗煥・盧泰愚両大統領の一二・一二事件（朴正煕大統領暗殺後に軍部の実験を握った軍事クーデター）や光州事件での責任を問えることになった。内乱罪や軍刑法上の反乱罪の公訴時効排除を骨子として、具体的には「粛軍クーデター、光州事件に関する内乱罪、反乱罪については一九九三年二月の盧大統領の退任まで時効の進行が停止したものとみなす」とうたわれた。一九九六年一月二三日に全・盧被告が追起訴され、同年八月五日にソウル地裁は全被告に死刑、盧被告に無期を求刑、一審では死刑、懲役二二年六月。二審で無期、懲役一七年に減刑され、一九九七年四月一七日に大法院（日本の最高裁）で刑が確定した。一九九七年に金大中が大統領に当選、一二月二〇日のクリスマス恩赦で全、盧元大統領の恩赦が決定した。一九九七年には事件初日である五月一七日が民主化運動を記念する国家記念日に指定された。一九八七年の六月民主化抗争の原動力となったのが光州民主化運動である。

北方限界線（ＮＬＬ）（47ページ） 朝鮮戦争休戦協定が結ばれた一九五三年七月二七日から一か月後の八月三〇日にマーク・クラーク国連軍司令官が中国と北朝鮮の海上封鎖のために設定した海上境界線のこと。海上の事実上の軍事境界線と言われている。李承晩大統領は「北進統一」をとなえ、黄海での侵攻が繰り返された。これに対してアメリカが北への限界域を海上に設定して南北の武力衝突を防ごうとした。この時に用いられたのが一度は休戦協定締結時に国連総会で否定された海上封鎖線であった。北朝鮮は自国領土から一二海里を領海しており北方限界線を認めていない。毎年六月ごろは周辺海域がワタリガニの漁場となる。そこで南北の漁船を守るため警護船が出て衝突する事件がしばしば起きた。二〇一〇年三月二六日には白翎島近海で韓国軍哨戒船「天安」沈没事件が起き、乗組員四六名が死亡している。同年一一月二三日には北朝鮮が韓国の軍事訓練への対抗として、大延坪島への砲撃があり、民間人二名、韓国人兵士二名が亡くなっている。今回の板門店南北首脳会談以降、こうした悲劇を二度と起こさない協議が進めなければならないだろう。

朝鮮半島非核化共同宣言（61ページ） この非核化宣言成立までの経緯を知ることは、現在の非核化を検討する上で参照になる。北朝鮮のＮＰＴ加盟（一九八五年一二月一二日）以後の動きだが、原発建設のための経済技術協定に調印、九〇年九月三〇日には、ＩＡＥＡとの保護措置協定に同意を表明した。九一年七月三〇日には韓国と結ぶ非核化案として、❶核兵器の試験、生産、搬入、所有、使用禁止❷朝鮮半島の領域に核兵器の配備禁止、寄港禁止❸米国の「核の傘」に入らず、いかなる核防衛に関する協約も他の国と締結しない―とした。

❶は核兵器の所有、持ち込みを禁止するなど、日本の非核三原則と同様の性格を持ち、❷は戦略核を搭載した米国原子力潜水艦の韓国への入港も拒むことを意味する。❷について九三年には米国が韓国内の戦略核を撤収し、北朝鮮も確認することで米国の核不使用の誓約を得るまで進んだ。韓国は三か月半後の一一月八日に四点の非核化案（①「核五原則」（核兵器を製造・保有・保存・配備・使用しない政策）②韓国内の核施設と核物質に対して国際査察を受け、核燃料再処理及び濃縮施設保有の禁止③生物化学兵器の全面的除去のための国際的な努力に積極参与する④米国の「核の傘」による保護の持続を提示。①は、核燃料によるエネルギー使用を原発の「平和目的」だけに限り、核兵器の製造・保有・保存・配備・使用を禁止する五原則を打ち出した。核兵器を製造しないことは、プルトニウムのような核燃料の開発を断念し、②の提言につながる。④は米国の「核の傘」が安全保障の根幹にあることを示した。

南北政府が最終的に一致したのは、❶と①の核兵器を試験、生産、搬入、所有、使用禁止だけ。九一年九月二七日にブッシュ（父）大統領は世界に配置した戦略核兵器を撤廃すると宣言したあと、一〇月一九日に韓国内の核爆弾の撤廃を表明したことは、朝鮮の三原則のうち❷に応えたことにもなり、九一年一二月三一日に「朝鮮半島非核化宣言」を締結した。合意項目は以下のとおり。⑴核兵器の実験、製造、生産、受領、保有、貯蔵、配備、使用しない⑵原子力をもっぱら平和目的のためにのみ利用する⑶核再処理施設及びウラン濃縮施設を保有しない。

韓国独自の核開発（116ページ） 韓国が核開発で顕著な動き

を見せたのが、朴正熙政権時代だ。朴正熙政権時代の一九六〇年代後半、南北の兵力は、北朝鮮の兵力が韓国より上回っていた。米国が戦術核を「休戦」後に配置するのは一九五七年からであり、以後六〇〇から七〇〇の戦術核兵器を配置した。朴正熙は安保上のこの「保障」が継続するかどうかは不安定とみていた。一方では、米国は韓国が北朝鮮に侵略することを懸念してハイテク兵器の提供を拒否していたが、一九七一年には韓国の軍事力増強（South Korean military's five-year modernizaition plan）に関して一五億ドル提供することに合意した。

一九七〇年代当初、ニクソン・ドクトリンから米国軍の撤退が明確になり、なお北朝鮮の脅威が存在する状況に対処する最終的決断が核開発の決定だった一九七〇年代初頭に兵器開発委員会が設立され、核兵器製造を図ることが合意され、核関連技術、設備の獲得に乗り出し、一九七二年からは核燃料再処理能力獲得を最優先した。科学技術大臣がフランス、イギリスを訪問し核燃料再処理施設の可能性を探ったほか、兵器開発委員会のメンバーがイスラエル、フランス、ノルウエー、スイスを訪問した。

しかし一九七四年五月のインドの核実験成功から米国からの核施設の検証が強化され、同年、フォード政権は韓国の核開発を発見した。以降、韓国は核不拡散条約（ＮＴＰ）批准を求められると同時に米国から圧力を受けた。安全保障面では韓国の兵器開発に圧力を加えたほか、経済面では古里第二号基建設のために融資を差し控える方針を伝えた。米国の韓国への軍事、経済面での圧力は韓国が核保有国になることで核拡散が進み朝鮮半島の不安定化を招くことを恐れたからだ。七九年一〇月二六日、朴正熙は腹心である金載圭中央情報部長に射殺され、「維新」独裁はついえたのだが、この政権の激変の裏側で明らかになったのは、核開発の約一〇〇〇人に及ぶスタッフが存在していたことで、ＣＩＡ文書では事件を契機にスタッフは霧散し、韓国の最大の核開発の動きは終焉した。その後濃縮ウラン開発疑惑が二回表面化した。韓国も核武装を進めているとの疑惑が出てＩＡＥＡの査察が強化された。朝鮮半島非核化宣言の「核再処理施設及びウラン濃縮施設を保有しない」にも違反していたことになる。二〇一六年に改訂された米韓原子力協定でも米国は日本のように使用済み核廃棄物の再処理（プルトニウム製造）の権利を認めず、濃縮ウランのパーセンテージを核爆弾製造の基準に達しない二〇パーセントと規制している。

核開発と全体主義（141ページ） 北朝鮮の国家予算がいくら日本の首都東京の予算にはるかに及ばない小国であろうとも、核保有することで大国になる。「全体主義と核による全能が対をなしている」（ギュンター・アンダース『核の脅威　原子力時代についての徹底的考察』法政大学出版局）と指摘しているように、核が世界を支配する能力をもつこと、即ち「核による全能」とみるからこそ核保有を拡大、深化してきたことは、米国こそが刻んできた歴史でもある。核開発の着手は、戦時下であることは極めて特徴的だ。第二次世界大戦中、米国は独裁国家ナチス・ドイツの核開発に対抗して開発を急いだわけだが、戦争遂行は全体主義でしか遂行できない。ワイマール憲法下の民主主義的方法でヒットラーが台頭したからナチス・ドイツは民主主義で戦争を進めたとはとても言えない。ファシズム国家が戦争中に開発に乗り出したのが核開発であったように、朝鮮戦争が終結しない状況で、米国は戦術核を九〇年代前半で在韓米軍から撤去したといっても、先端科学は兵器開発にも注がれ、核爆弾を搭載した原子力潜水艦は「敵国」から感知されない。金正日国防委員長が金日成主席死去のあとに核開発に邁進したのは、米国との対抗であることは言うまでもない。北朝鮮は巨大な予算投入で一〇〇万人もの人間を餓死させたとする推定もあるが、こうした全体主義は、核保有する国家がたどった道である。

米国の核開発では、幾たびもの核実験で人びとの健康を奪う具体例にこと欠かない。米国の核実験に参加した約三〇万人の米軍兵士、風下の住民一〇〇万人が被爆したことや、ヒロシマ、ナガサキの原爆投下では三〇万人の人びとを殺害し、マーシャル諸島(ビキニ環礁、エニウェトック環礁)での大気圏内核実験、さらに一九五四年の水爆実験では、ヒロシマ型原爆の一〇〇〇倍もの爆発力でサンゴ礁が破壊から膨大な放射性降灰物を生じたほか、島民、さらには近海で操業中の日本の漁船(第五福竜丸や高知県からマグロ漁で操業していた漁民)が被爆、現在に至るまで高率のガン発症などで苦しんできた。

現在の「核の傘」をシフトする米国の核戦略も全体主義国家のメタモルフォーゼ(変形)でしかすぎない。もし「核の傘」傘下の日韓とも脱する動きをみせれば、どうなるのか。厳しい制裁を課した歴史は、韓国の朴正熙と全斗煥政権のときに如実に現われた。超大国の核保有国・米国がとるのは、核保有をバックにした覇権主義であることも明確だ。

ヒロシマ、ナガサキへの原爆投下後も米国はマーシャル諸島(ビキニ環礁、エニウェトック環礁)で核実験を行った。犠牲になったのは地元の先住民で、続く核保有国となるソ連、イギリス、フランス、中国も同じく核実験を行い、実験場となったのは植民地や少数民族が住む地域(中国では新疆ウイグル地区)などである。

米国も含めて共通するのは、被害をこうむるのは、支配―被支配の構造から選ばれた被支配の人たちである。米国では核燃料廃棄物、さらにはウラニウム鉱山からのウラン鉱石の取り出しなどによって、西部に追いやられた米国の先住民は健康を害し、さらに西部「開拓」時代に続き土地を追われる被害にあっている。イギリスの核実験場ではオーストラリアの西オーストラリアの無人島で行われたこともあるが、南オーストラリア州のアボリジニーの居住地が選ばれ、アボリジニーは一七〇キロ南方に移住させられた歴史を持つ。

核実験を行うことは他者性無視の極地だ。人間の存在を抹殺、あるいは否定する差別性を根本的に抱え持っている。どうして容認されるだろうか。

凡　例

1　人名、地名などの韓国（朝鮮）の読みは、各章ごとの初出のルビを付した。また肩書きも各章ごとに初出のみ記した。韓国大統領は前、元と表記すべきだが、本書初出のみ明記し、以降は前、元をつけなかった。

2　米国の大統領は前、元も付さなかった。他米国人含め名前は原則としてファミリーネームで表記したが、ファーストネーム、ミドルネームも記した場合もある。

3　同じくルビに関して。韓国と北朝鮮では発音が異なる単語があり、本書では「寧辺」がそれにあたる。「ヨンビョン」と付しているが、北朝鮮では「ニョンビョン」になる。しかし著者の発言のため「ヨンビョン」とした。

4　米国、北朝鮮を著者は「朝米」とし、聞き手は「米朝」と表記しているが、章タイトル、見出しは、著者の主張の一部であるので、「朝米」で統一した。

5　昨年は二〇一七年であり、以下、昨年で表記した。今年は二〇一八年になり、以下、今年で表記した。

6　注の内容をさらに解説するため用語解説でも取り上げた。

写真出典

19ページ　Ⓒ服部良一
32ページ　Ⓒ大韓民国大統領府写真記者団
１００ページ　Ⓒ川瀬俊治

あとがき

本書の企画は、四・二八の板門店南北首脳会談、六・一二のシンガポール米朝首脳会談が決まることで具体化しました。

六月一四日、七月一七日、九月一日の計八時間三回のインタビューをもとに金光男さんが大幅に加筆して完成させました。しかし、私の質問項目と5章にわたる構成が生かされたものの、大半は金光男さんが本書のため書き下ろしたものになりました。さらにインタビューを重ね三回の校正で細部に加筆、修正を加えて完成させました。

「金正恩国務委員長はルビコンの川を渡ろうとしている」という本書の基調となる金光男さんの主張に、少し疑義を抱いていた私でしたが、時間がたつにつれ、その見方は正しいことがわかってきました。

米朝間のディール（取引）で積極的役割を果たしているのが韓国でしょう。完全で検証可能な非核化で不可逆的でなくてはなりませんが、北朝鮮は最終カードであり、アメリカにとっては交渉の「入口」です。著者は「出口」「入口」という喩えでわかりやすく説明しています。「出口」「入口」の違いが、交渉が暗礁に乗り上げているかのごとき見方を生んでいますが、ディールである以上、簡単ではありません。それを前進させているのが、韓国です。そういう捉え方かをすれば、現在の局面をかなり落ち着いて見通せるように思います。

「朝米交渉が決裂し、『暗雲が立ち込めた』という報道もありましたが、これらの事態は、いよいよ後続交渉が本格的に始まったことを意味しています。韓国大統領府は『シルム（韓国相撲）のようだ』と論評し、『誰がまわしを深く、安定して有利に取るのかという駆け引きが始まった』と解釈しましたが、私もその通りだと思います」と著者は述べています。

トランプ大統領だからこそ初めての米朝首脳会議を実現させたのですが、アメリカ通の友人によれば、トランプ大統領はアメリカの意見を代表していないと評しています。ある人は、トランプ大統領の人権政策を肯定していないといい、ある人はトランプの背後にいる支配層が外交政策に支持していないというのです。「韓国、北朝鮮がトランプのハシゴを外されたらどうなるのか」と懸念する友人もいます。

しかし、著者が本書で指摘しているように、米朝両国の最高指導者が合意した声明が、いとも簡単に反故にされる事態がありうるのか、どうか。「両国は容易に、朝米共同声明で合意した『非核化』と『平和体制保証』の交換を壊すことはできないと思います。なぜなら今回の朝米合意は、両国の最高指導者による破格の約束であり、破棄すれば両国に重い政治負担を与えます。とくに『全党、全国が社会主義経済建設に総力を集中する』と宣言した北朝鮮にとってはなおさらそうです」。著者の分析には北朝鮮の現状の深い理解があります。

九月一八日から二〇日まで三日間の第三次平壌南北首脳会談を経て、今後、米韓首脳会談、米朝首脳会談へと続きます。著者が「朝鮮半島のビックバン」と名付けた四月二八日の板門店会議以降の流れは、朝鮮半島の恒久的な平和体制を実現する営みであり、日本にとっても「ビックバン」＝平和の新たな時代を意味します。朝鮮半島の現在、未来を読む示唆を与えるものと確信しています。

本文中の注と「資料編」用語解説は川瀬が担当しました。刊行を急ぐあまり印刷の仕事に負担をかけてしまった国際印刷出版研究所のスタッフのみなさんにお礼を申し上げます。

川瀬俊治

二〇一八年九月二〇日

●著者紹介

金 光 男（キム・クアンナム）

1950年、在日韓国人2世として大阪で出生。在日韓国青年同盟大阪府本部委員長、中央本部委員長を歴任し、1990年に在日韓国研究所を設立。海外コリアンの交流を目的にしたGlobal Korean Netnetwork事務局長、金大中政府時代に韓国民団兵庫県本部事務局長。現在は在日韓国研究所代表として、朝鮮半島の情勢分析、そして韓国と日本の労働・市民社会交流を行なっている。

●聞き手

川瀬俊治（かわせ・しゅんじ）

1947年、三重県伊賀市出身。奈良新聞記者をへて1999年まで解放出版社職員、現在フリー。2018年の著述に編者『琉球独立は可能』(解放出版社)、「セウォル号沈没事件と原発輸出」(『現代思想』9月号）など。

朝鮮半島―未来を読む　文在寅・金正恩・トランプ　非核化実現へ

2018年10月23日　初版第1刷発行

著　者　金 光 男

聞き手　川瀬俊治

発行者　稲川博久

発行所　東方出版株式会社

〒543-0062　大阪市天王寺区逢坂2-3-2

TEL06-6779-9571　FAX06-6779-9573

装　丁　林眞理子

印刷所　株式会社 国際印刷出版研究所

乱丁・落丁本はお取替え致します。

ISBN978-4-86249-346-0